中交投资有限公司
北京清华同衡规划设计研究院

城市有机更新的实践模式

主　编　蔡奉祥　张书嘉
副主编　张　婷　蒋向国　张婉君　杨　军

中国建筑工业出版社

本书编委会

主　　编：蔡奉祥　张书嘉
副 主 编：张　婷　蒋向国　张婉君　杨　军
参编人员：
中交投资：高　昕　于翔鹏　陈丽翠　黄　莹　王华伟
　　　　　付欣荣　王立超　李　辉　关鸿欣　徐　靖
　　　　　刘慧慧　康渝翔　程建龙　李新忠　朱加兵
　　　　　张　涛　刘基业　杨文倩　庄　颖　宗希东
　　　　　王　星　秦　英　雷东方　段　康　李冬雪
　　　　　杜牧野　吴美麟　郭晓林
清华同衡：邢　琰　毛　羽　伊　娜　黄雨萌　黄哲姣
　　　　　尹湘婕　商进越　陈永强　帅思达　陈幸葆

推荐序

王彤宙

中交集团党委书记、董事长

城市是经济、政治、文化、社会等方面活动的中心,在党和国家工作全局中具有举足轻重的地位。我们党历来重视城市工作,党的七届二中全会提出把工作重心从乡村转移到城市;新中国成立后,中央在一九六二年、一九六三年、一九七八年、二零一五年先后召开四次城市工作会议,研究解决城市发展的重大问题。党的十八大以来,以习近平同志为核心的党中央深刻认识城市在我国经济社会发展、民生改善中的重要作用,不断加强党对城市工作的领导,坚持人民城市为人民,推进以人为核心的新型城镇化,走出了一条中国特色城市发展道路。习近平总书记关于城市工作的重要论述,明确了城市发展的价值观和方法论,深刻揭示了中国特色社会主义城市发展规律,深刻回答了城市建设发展依靠谁、为了谁的根本问题,以及建设什么样的城市、怎样建设城市的重大命题,对于不断推进城市治理体系和治理能力现代化,开创人民城市建设新局面,具有十分重要的指导意义。

我国自新中国成立以来特别是改革开放以来,经历了世界历史上规模最大、速度最快的城镇化进程,城市发展波澜壮阔,发展成就举世瞩目。城市发展带动了整个经济社会发展,城市建设成为现代化建设的重要引擎，超大规模城镇化为民生改善、人民幸福提供了强大推力和坚实支撑。当前，我国城市发展已经从"大规模增量建设"阶段转为"存量提质改造和增量结构调整并重"阶段，城市发展进入一个新的时期，城市更新迎来重要发展机遇期。

党的十九届五中全会首次明确提出实施城市更新行动，为创新城市建设运营模式、推进新型城镇化建设指明了前进方向。党的二十大擘画了全面建成社会主义现代化强国、以中国式现代化全面推进中华民族伟大复兴的宏伟蓝图，明确了新时代新征程党和国家事业发展的目标任务。新时代实施城市更新行动，具有鲜明的战略性、人民性、系统性和实践性，推动城市结构调整优化和品质提升，转变城市开发建设方式，对于全面提升城市发展质量、不断满足人民日益增长的美好生活需要、促进经济社会持续健康发展，具有重要而深远的意义。

在实现中华民族伟大复兴的道路上，城市更新作为中国新型城镇化实现高质量发展的关键路径，是一项提升城市发展水平的持久性行动，更是政企学多方探索互动互促的协同性实践。20世纪90年代，清华大学吴良镛院士最先提出了"城市有机更新"的概念，指出从城市到建筑，从整体到局部，如同生物体一样是有机联系、和谐共处的，城市建设应该按照城市内在的秩序和规律，顺应城市的肌理，采用适当的规模、合理的尺度，依照改造的内容和要求妥善处理目前和将来的关系。中交集团依托基础设施全产业链和综合服务一体化优势，多年来深耕"大城市"业务领域，实施了一系列重大项目和重要工程，为参与城市更新积累了丰富的实践经验。《城市有机更新的实践模式》一书正是中交投资与清华同衡对这一先进理念实践的深度解析，城市更新的内涵不再是简单的物质形态的更新，更应是城市发展观念的更新、城市发展模式的更新。书中认为坚定不移贯彻新发展理念将成为城市更新普遍实践的基本路径，创新提出了一种"全域型"城市更新的新范式，以先进的更新理念和智慧、绿色技术手段转变协同发展的新方式，通过生态链接和平台赋能创新价值共生的新模式，真正做到因势而谋、应势而动、顺势而为，推动城市实现更高质量、更有效率、更加公平、更可持续、更为安全的发展，积极探索中国式现代化城市发展道路。

国有企业是中国特色社会主义的重要物质基础和政治基础，是党执政兴国的重要支柱和依靠力量。2019年之前，地方城投平台、地方国企和房地产开发企业是城市更新的主要市场参与主体。2019年以来，以增量地产开发为特征的业务逐步收窄，存量提质和片区整体更新成为发展趋势，项目的公共性、复杂性、发展不确定性逐渐加剧，企业参与的门槛大大提高。北京、上海、广州、天津等城市出台地方文件，明确强调政府在城市更新的主导作用，鼓励央企和地方国企参与城市更新，建筑类央企积极布局和实践城市更新业务。中交集团作为全球领先的基础设施业务领军者和国务院国资委监管的特大型建筑央企，是国有资本投资公司试点和交通强国建设试点单位，切实担负起国资央企"六种力量"的政治责任，自觉把思想和行动统一到习近平总书记重要讲话精神上来，在建设现代化产业体系、构建新发展格局、推动高质量发展、推进中国式现代化建设中肩负重要使命。中交集团积极践行城市更新行动，坚持人民立场、落实国家战略、发挥体制优势，通过深化央地合作，先后在北京、上海、天津、浙江、广东、重庆等城市落地了30多个城市更新项目，打造了一批具有示范引领作用的标杆项目，树立了城市更新领域的中交品牌，更好地发挥了国有经济的引领带动作用，为我国城市高质量发展注入了中交动能。

"城，所以盛民也"。让人民群众在城市生活得更方便、更舒心、更美好，是城市发展的价值取向和重要目的。"让世界更畅通、让城市更宜居、让生活更美好"，是中交集团的企业愿景，并已通过一系列成功案例为"人民城市为人民"理念提供了实践支撑。在建设中国特色社会主义现代化强国新征程上，每一位城市工作者和城市发展参与者，要更加紧密团结在以习近平同志为核心的党中央周围，以引领者的眼界、探路者的勇气、实干家的作风不懈奋斗，奋力谱写中国式现代化城市发展的新篇章、开拓人类城市文明的新境界。

期望这本书能帮助更多市场主体了解城市有机更新的实践模式，激励多元化市场参与者共创城市有机更新新时代！

2023 年 6 月

序 一

尹 稚

清华大学建筑学院教授

清华大学中国新型城镇化研究院执行副院长

城市更新，或是在任何城市进行的所谓的更新行为，无论是被称为城市的复兴也好，改造也罢，亦或是再生，都应是持之以恒、永续不断的城市发展过程的重要组成部分。通过更新行为，可以持续不断地改善城市基础设施、公共服务设施的服务水平以及城市环境品质，解决城市资源分配不公等社会问题；提升吸引多元主体及跨行业主体深度参与的能力，促进形成长期稳定的财税税源；深化城市历史文化内涵，加强城市形象建设和对外宣传窗口打造，增强城市的影响力等。与一般的城市建设行为不大相同的是，城市更新多是以解决城市发展过程当中的，存量空间和既有建设里存在的，以具体问题为导向的，小规模渐进式的城市品质提升工作常常唱主角，当然也会有机会去做一些布局性的、格局性的城市功能重组工作。

当前，从学理逻辑和方案逻辑上对各类城市更新项目技术路径的研究已有不少积累，但是由于城市问题本身具有的多面性和复杂性，以及在城市更新实践过程中涉及的利益高度多元化和复杂化，任何试图用一劳永逸地"一刀切"的政策和设计成为众多城市更新解决"最见成效"方案的想法也显得越发荒谬。纵观全球城市更新发展历程，在早期的西方城市更新实践中，是由政府主导，首先发现城市既有建成区中的问题，再判定"问题街区"并征收土地，最后通过低价转售给房地产开发商以着手实施建设改造，可以说是通过房地产开发项目的方式来实现城市更新，这也是迄今为止中国大多数地区仍在采用的主要更新方式。但这种短期的、碎片的、临时的、项目化的行动方式所引发的大拆大建造成了项目在平衡过程中对拆建比的非理性追求，也引发了局部地段城市功能和人口的过载现象。城市人口的快速增长，使得公共投资的配套远不及居民生产生活需求的增长速度，最终导致了城市总承载能力的上限在短时间内被突破，同时还催生出"歧视"社会弱势阶层等一系列严重的社会问题。所以这种基于房地产开发，简单以项目利益测算为核心的更新模式是不可持续的。

现在之所以要强调有机更新，是因为城市的规划和发展的底层逻辑是一场无限游戏，以不断延续为目的，以谋求共赢和共同利益最大化为目的，以寻找最大公约数为目的。历史经验教训已经告诉我们，单纯采用项目核算制下以经济利益为导向的房地产开发项目形式的城市更新方法不可永续，积极探寻能够切实改善民生问题、实现多方共赢的新途径和新模式，是当下推动城市更新领域良性发展的关键举措。当前，除棕地改造等尚有盈利空间的项目外，大多数城市更新项目因其本身的微利性，甚至是半公共品性，想要实现账面平衡是极难的。目前探讨得比较多的解决办法有两种：一是核算周期长期化。即延长改造项目的核算周期，同时鼓励社会资本和公众参与，通过建立跨界的多元化的新型伙伴关系来解决短债长用的问题，以摆脱纯项目运作和纯资本运作的传统模式，规避其固有弱点，并实现跨行业主体对城市的关注以及对城市的贡献。第二是建设项目运营化。即从项目制转向服务制，从营造商转向服务商运营商，将运营质量与不动产的价值挂钩，最后再通过REITs回收短期资金，以实现更新项目微利可持续运作。同时，对于地方政府来说，这也意味着通过运营化的城市更新结合空间改良，植入更具竞争优势、更可持续的产业业态，以期创造更加稳定的财税来源，达到全社会互惠共赢的效果。

未来，城市更新将从单个项目走向片区统筹，强化可实施单元的研究。尤其是随着土地资源的不断紧缺及更新类项目实施难度的不断加大，通过统筹实施来均衡各项目之间实施难易度的片区更新模式，将会逐渐成为未来城市更新的主流形式。这当中将会涉及如何在权衡土地利用的过程中实现空间收益多元化的问题，以及如何以最小的土地投入带动更广泛的溢出效应，形成更大的综合收益协同力的问题。传统上采用土地用途的单一化、土地收益的最大化思路通常会导致周边地区的利益日益受损。目前，相对可取的思路是抓住片区内具有引领和辐射作用的关键要素，通过要素间的有机组织和更替，发挥关键要素的寄生、衍生、伴生效应，形成近域空间尺度，甚至是更广域空间尺度的巨大溢出效应。同时，在更新过程中给予不同社会阶层更广泛的分区分类分时的空间灵活使用权，丰富土地用途，促进土地收益多样化和多元化发展，以及为公众带来更加公平化的利益。

目前，国内外已有不少为开拓可持续的城市更新行动路径进行的有益尝试，努力拓展经济效益、社会效益、环境效益等综合效益最大化的实践应用模式。有的立足制度创新，有的是物业管理创新，有的是党建引领、共同价值创新，还有的是运营服务模式创新等，但大体上都是为了解决可持续的城市更新改造的难题。本书也基于城市更新的演进历程，对现阶段城市更新内涵进行再认知，依照城市更新项目功能和特点的差异，将目前认知不足的基础设施类更新和片区类更新纳入更新体系，构建了科学系统的分级分类体系，将城市更新分为基础设施类、住区类、商办类、工业类、历史街区类和片区类六大类，分类收集聚焦可持续更新的代表性国内外案例进行深入的模式解析。重点关注各案例的商业模式和更新策略，提炼出社会资本参与城市更新的实践路径。本书还从国内已发布城市更新相关政策的城市中，选取六大重点维度进行横向比对，为城市更新提供方向指引。最后，基于中交集团石景山西部地区城市更新项目的实践探索和经验总结，创新提出了全域型城市更新模式，提供市场化主体参与城市更新的一套可行性路径。

实践证明，尽管城市更新行动发生的时空要素各不相同，但为应对长期积淀的复杂城市问题，唯汇聚全社会各方资源能力的微利可持续可行。抽丝剥茧、细水长流，永续地更新城市以推动全社会能级向上增长，进而吸引更多的社会资本和社会力量驱动城市持续升级，周而复始，循环往复，才能成为良性的城市发展过程。

2023 年 5 月

序 二

李茂惠

中国交建原党委委员、副总裁

建筑承载着历史，城市见证着变迁。改革开放四十余年来，我国城镇化建设快速发展日新月异，取得了举世瞩目的成就。目前，城市发展已进入城市更新的重要时期，从追求"高速度"转向注重"高质量"，由"外延扩张式"转向"内涵提升式"。城市更新被赋予了新的使命，其既是构建"双循环"新发展格局的重要支点，也是提升民生福祉的民生工程，当前的城市发展更加强调坚持走具有中国特色的新型城镇化道路。

党的二十大报告指出"实施城市更新行动，加强城市基础设施建设，打造宜居、韧性、智慧城市"，这是以习近平同志为核心的党中央深刻把握城市发展规律，对新时代新阶段城市工作作出的重大战略部署，为新时期做好城市更新工作指明了方向、提供了遵循，以更高站位、更大力度、更实举措推进城市更新工作，以中国式现代化全面推进中华民族伟大复兴。新时代中国经济社会实现了伟大的历史变革，新时代的城市更新与以往相比发生了更加巨大且深刻的变化，在更新理念上更加强调整体性、系统性和持续性，在更新目标上更加突出以人为本和高质量发展，在更新类型上形成要素更加多元、层次更加丰富的新局面。

基于对经济社会和城市发展规律的准确把握，中交投资有限公司和北京清华同衡规划设计研究院密切合作，就城市有机更新的实践模式进行了深入研究思考，编写了这本书籍，可谓是对当前环境下城市更新模式的系统总结和全新概括。这本书的出版是城市更新领域的一件大事，值得关注，值得研读，值得推荐。

这本书在建设宜居、绿色、韧性、智慧、人文城市的总目标下，有以下几点是特别值得注意和称道的：首先是系统研究了国内外城市更新的概念和演进历程，首次突破传统狭义的城市更新边界，将内涵扩展至更符合未来城市发展趋势的片区统筹式更新，以中国式现代化引领城市有机更新的再认知。其次是科学解析了城市有机更新的十大特征和核心要素，创新构建了"点—线—面"的城市更新分类标准体系，以基础设施类更新筑牢高质量发展基石，以商办、工业、住区和历史街区类更新激发城市运营特色活力，以综合片区类更新破解城市更新实施难题。再次是首次从社会资本市场化参与和价值投资的角度，分析总结国内外经典案例的成功经验和启示，提供了更具前瞻性、可行性的更新策略和实践模式。最后是分类梳理不同层次、不同维度和不同类型的更新政策，以创新政策落地全方位指导项目实施。本书已经上升到经济社会发展和城市发展机制的高度，探索出具有中国特色的城市更新参与之路，是一本真正指导城市更新实践的工具书。

在我国新型城镇化战略中，中国交通建设集团有限公司作为国务院国资委下属的大型建筑类央企及全球领先的特大型基础设施综合服务商，以建设"三型"世界一流企业为目标，先后提出实施"五商中交""三核五商"的战略转型，全面进军"大城市"领域、打造一流的城市发展商。旗下的中交投资有限公司作为中国交建独资设立最早的对外投资平台，依托在基础设施领域的优势，采取了 BT、BOT/BOO、BOT+EPC、股权并购、PPP 等多种投资模式，涉足基础设施、城市综合开发、房地产、金融等多个业务领域，通过为客户提供一揽子解决方案，成功投资了一批具有战略意义的项目，在城市建设方面积累了丰富的经验，形成了有效的模式。

尤其是，以北京石景山西部地区城市更新项目为试点，中交投资积极贯彻习近平生态文明思想，秉持"城市运营总包商"的经营理念，创新提出了"全域型"城市更新模式。其模式本质是"大范围全域要素平衡是前提，城市资源的再认识是核心，城市的持续运营是关键"，从全要素评估、全资源统筹、全领域规划、全周期策划和全社会参与五个维度，探索形成"一个平台、一个打通、两个工具、一个链条"的城市更新实施新思路，助力石景山西部地区打造"生态智慧城"。这一理论和实践探索将为减量发展背景下的片区统筹式城市更新，提供一种全新的商业模式，能够更加有效地盘活城市资产、用足城市资源，也为走中国特色新型城镇化道路、全面提高城镇化质量提供更加有益的经验和借鉴。

衷心期待这本书能够给予相关从业者以启迪，助推事业和工作持续成长，不断跨越，实现卓越！

2023 年 5 月

目 录

推荐序 /王彤宙 // V

序 一 /尹 稚 // IX

序 二 /李茂惠 // XIII

第一章 城市更新概念与发展概况

一、城市更新概念及演进　// 002

二、西方城市更新发展历程与趋势　// 005

三、我国城市更新发展历程与趋势　// 011

四、我国城市更新行业情况　// 014

五、我国城市更新现阶段问题与困境　// 016

六、城市有机更新中市场主体参与的重要性　// 021

第二章 我国城市更新的类别

一、城市更新的多元类别划分　// 024

二、城市更新分类的维度　// 026

三、分类标准与分类体系　// 028

第三章　基础设施类有机更新案例分析与模式研究

　　一、交通基础设施类有机更新　　// 032

　　二、生态基础设施类有机更新　　// 063

　　三、公共服务基础设施类有机更新　　// 078

　　四、基础设施类有机更新模式的启示　　// 091

　　五、基础设施类有机更新参与方分析　　// 092

第四章　住区类有机更新案例分析与模式研究

　　一、拆除重建类有机更新　　// 096

　　二、修整运营类有机更新　　// 103

　　三、住区类有机更新模式的启示　　// 110

　　四、住区类有机更新参与方分析　　// 111

第五章　商办类有机更新案例分析与模式研究

　　一、商业类有机更新　　// 116

　　二、办公类有机更新　　// 129

　　三、商办类有机更新模式的启示　　// 135

　　四、商办类有机更新参与方分析　　// 136

第六章　工业类有机更新案例分析与模式研究

　　一、工业遗产保护类有机更新　　// 140

　　二、工改工类有机更新　　// 148

　　三、工改商类有机更新　　// 153

　　四、工业类有机更新模式的启示　　// 157

　　五、工业类有机更新参与方分析　　// 160

第七章　历史街区类有机更新案例分析与模式研究

一、居民宜居式历史街区有机更新　// 164

二、商业整合式历史街区有机更新　// 166

三、产业提升式历史街区有机更新　// 168

四、文化传承式历史街区有机更新　// 171

五、历史街区有机更新模式的启示　// 174

六、历史街区类有机更新参与方分析　// 174

第八章　片区类城市更新案例分析与模式研究

一、增量开发、就地平衡式城市更新　// 178

二、减量提质、统筹资源式城市更新　// 191

二、片区类城市更新模式的启示　// 203

第九章　城市更新相关政策研究

一、国家层面城市更新政策分析　// 212

二、城市更新政策六大维度分析　// 221

第十章　中国交建特色城市更新的探索

一、业务探索背景　// 230

二、"全域型"城市更新模式的探索　// 232

三、"全域型"城市更新的数字化解决思路　// 238

四、"全域型"城市更新的实践进展与成效　// 241

参考文献　// 245

第一章·城市更新概念与发展概况

一、城市更新概念及演进

　　城市更新的概念起源于1949年美国住宅法"城市再发展",并于1954年住宅法法案中正式使用城市更新(Urban Renewal)这一名词,根据当时的理解,城市更新可定义为通过维护、整建、拆除等方式使城市土地得以经济合理地再利用,并强化城市功能,增进社会福祉,提高生活品质,促进城市健康发展。随着社会的发展,人们对城市更新的认知逐渐加深,到20世纪90年代末吴良镛院士提出了"城市有机更新",进一步要求须按照城市内在的发展规律,顺应城市之肌理,在可持续发展的基础上,探求城市的更新与发展。其目的是推进城市存量空间资源提质增效,在渐进的、可持续的更新过程中,完善城市功能,改善人居环境,补足公共服务设施,促进产业转型升级。城市有机更新不仅指物质空间的演替,更强调其对城市社会、经济、文化等领域的整体优化作用,以及更新过程中的多元主体的共同治理。

　　由此可见,城市更新的概念经历了逐渐丰富完善的发展历程,主要分为以下几个阶段:

▎1.城市重建

　　主要集中于第二次世界大战结束后至20世纪60年代,部分国家开始于19世纪末期。城市建设主要集中于战后重建,以应对战争对大量住宅的破坏以及人口在大城市集聚引起的城市迅速膨胀,其更新思想主要是从形体规划出发的城市改造。

　　该时期的重建主要以政府机构投资为主、私营机构投资为辅,到后期部分发达国家逐渐演化为多方合作开发。该时期重点针对的问题为居住与生活质量的改善，采用形式基本为推土机式的大拆大建。整体城市物质空间展现为内城的置换与外围地区的扩张，同时加以部分的景观美化与绿化来提升环境质量。

▼ 2.城市复苏

主要集中于 20 世纪 60—70 年代。在经历了大量贫民窟清除、住宅区建设、城市土地开发再利用、人口重新分配等一系列城市重建工作之后，自 60 年代初期，各国开始进入更加敏感的住房革新和旧城整体复苏提升阶段。

大量发达城市在城市翻新重建后，出现了区域经济与地价控制无法协调的问题，这是过于集中在居住区更新重建的后果。至此，城市建设者意识到公共设施与社会环境改善的必要性，而随之而来的是私人投资的影响也日趋增加。"人本思想"也在这一时期产生，强调"利人原则"在城市更新中的地位，人们开始意识到城市更新的重点应该在于社会经济的复苏，而不是仅仅局限于物质空间的改善。

▼ 3.城市再开发

进入20世纪80年代，西方许多传统工业城市结构发生了剧变，由此造成的失业率激增与城市居民之间的分异，成为最主要的社会问题。与此同时，"新马克思主义"理论与"新自由主义"思想迅速发展，强调市场作用与个人自由。

应对工业衰退引发的土地荒废、社会隔离及环境恶化等一系列城市问题，西方诸国普遍开展了以提高政府行政效率为主旨的"政府重塑运动"，政府的企业化改造开始盛行。具体行动包括消减政府公共开支，大量公共机构调整为私营。城市工作强调经济效益目标，城市开发由此产生，市场参与在此期间得到了充分的发展，用以刺激城市的经济效益增长。

这一时期的城市再开发以私人投资为主，在社区自助式开发的同时政府有选择地介入。公众参与在此期间得到广泛的渗入与发展。小规模自下而上的"社区规划"成为20世纪80年代城市更新的主要方式。大面积推平重建式的旧城改造逐渐转变为小面积、小步骤的更新方式，更加强调日常生活质量的提高与微小空间结构的改善。

4.城市更新

20世纪90年代后至今，由于全球经济结构的迅速变化，西方各国城市中心地区都不同程度地出现内城衰退的现象。随着城市中心区工业大量迁出，人口大量流失，商业区与办公区也开始向郊区外迁。大城市的郊区开辟了大量的大型超级市场、行政办公中心等。贫富差距、种族歧视等问题并没有消失，而是从城市中心区向外蔓延，表现为更大范围的居住差异状态。郊区各大富人区星罗棋布，城市中心区的贫民区日渐增多，老城衰退日益严峻。

20世纪90年代以来，随着国际环境的转变、生产与生活方式的转型，城市问题愈发复杂，已没有任何一种理论或方法能够被用来整体地认识城市、改造城市。新区域主义、生态城市、可持续发展等思想主导了新时期城市更新的主题，具体表现为城市更新更加关注空间效益集约、环境可持续发展、社会公正、文化网络平衡交流等，强调自上而下与自下而上的互动融合。在组织形式上，更加注重合作，重视对现有建成区的管理和规划。与此同时，相比前一段时期，更加注重城市文化历史遗产的保护和可持续发展。

时至今日，城市更新已然成为既成熟又复杂的概念。近三十年来，世界各地发达城市先后进行了积极探索，大大丰富了城市更新的模式和方法，并拓宽了未来的发展方向。

城市有机更新是实现未来城市高质量发展的必要手段。在城镇化的中后期，中心城区的凝聚力和辐射力将成为发展都市圈或城市群的重要资本。在这一时期通过城市有机更新的方式，在中心城区置换或升级产业和产业结构，促进城市功能转型升级；盘活内部的土地、建筑、基础设施等存量资产，推动城市新旧动能转换；实施小规模、分阶段的修复和改造，以低资源耗损获得高质量的物质空间改善；促进基于经济、社会等多层面的整体更新，从存量中获得增量，以增量创造多维价值，推动城市内涵式发展。

城市的更新不是单一目标的、短期的建设工程，而是复杂综合的、动态的、持续的城市生长过程。在有机更新过程中，通过充分挖掘城市资源，进一步提高资源利用效率；维护城市基本生态环境和人文环境，从而活化城市历史文化基础，保留城市文脉和城市肌理，推动价值传承；重塑和升级产业结构，形成新的经济增长动力；激发城市活力，促使活力动态增长，形成城市可持续发展的生长路径。

二、西方城市更新发展历程与趋势

▶ 1.西方城市更新发展历程

纵观全球，城市建设与更新在城市的发展中相互咬合交替。欧美国家的城市发展经历了较漫长的发展演变，城市更新贯穿于城市发展的各个阶段，受到不同时期经济、社会、产业、自然空间等发展的影响。

工业革命带来的产业飞跃为城市化进程加速，城市建设急速发展。第一、二次工业革命极大地推动了社会生产力的发展，对人类社会的经济、政治、文化、军事、科技和生产力产生了深远的影响，也加快了城市化进程的步伐。资本主义生产的社会化大大加强，工业快速发展，大量人口涌入城市，城市用地无限扩张；但同时，快速的城市建设和人口密集增长带来住房紧缺、环境恶劣、交通堵塞等"城市病"问题凸显。

战争对城市带来颠覆性的毁灭，衰败的城市中心等待重生，城市更新运动应运而生。第二次世界大战后，大量欧美国家城市被毁，原城市中心人口及产业向郊区转移，衰落的中心区破破烂烂，城市开始展现极其消极的一面。在此背景下，欧美国家率先开启城市更新运动。同时在城市郊区化后，针对城市空心化的现象，一些国家进行了大规模的城市重建、城市改造等更新运动，将发展和建设重心重新转向城市中心，试图通过城市更新提高居民居住质量，复兴城市商贸，改善城市环境，以此吸引人口回流，带动城市再开发。

（1）英国：从政府主导转向市场化，引入多方合作更新

英国是最早开始城市化的国家之一，伴随着城市人口规模的扩大和失业率显著上升，城市贫困现象急剧涌现，贫民窟大量存在。20世纪30年代，英国开启清除贫民窟计划，真正意义上的城市更新正式开始，这一时期城市更新以住宅区更新为主。1930年，英国

工党政府制定格林伍德住宅法，采用"建造独院住宅法"和"最低标准住房"相结合的办法，要求地方政府提出消除贫民窟的五年计划。

20世纪80年代，英国郊区化导致城市中心衰败，同时伴随国家经济衰退、财政危机，英国政府对城市更新的公共支出缩减。1980年，英国立法确定了城市开发的目的是通过有效使用土地和建筑物，鼓励现有和新注入的工商业发展，创造优美宜人的城市环境，提供住宅和社会设施以鼓励人们生活、工作在这些地区。这一改变，使城市更新逐步转向市场主导，开启房地产为导向的中心城更新阶段。

20世纪90年代，英国对城市更新内涵的认识更深一步，综合考虑对经济、社会、环境等多重因素的影响，注重再生经济活力，恢复社会功能以及改善环境质量和促进生态平衡。除了鼓励私人投资外，更强调加入社区力量，公、私、社区三方合作，使公众参与涉及自身利益的城市决策，重新调动城市更新内生力、主动力。同时，英国政府提出可持续发展理念，着眼于土地的循环使用，鼓励开发废弃土地。

（2）美国：从单一物质环境改善，到全面社会经济复兴

20世纪初，美国以知识分子、商人、建筑师发起并实践城市美化运动，旨在帮助消除快速城市化所引发的城市病问题，是以城市卫生环境改善为主导的城市更新。

20世纪30年代后，美国城市以经济振兴为目标，尝试对城市中心区居住进行改善以及对商业进行复兴。经济大萧条，使城市发展陷入困境，这一时期，美国的城市更新与英国类似，也是从大规模清除贫民窟开始。政府在更新中处于主导地位，通过国会立法，制定全国统一的规划、政策及标准，确定更新运动的重点及联邦拨款额度。由联邦资助，地方政府具体实施，确定具体更新项目。1954年，国会对城市更新政策进行修正，提出加强私人企业的作用、地方政府的责任和居民参与，更新虽仍以中心区的贫民窟为焦点，但更新措施已经由单一的物质改造，逐渐加入社会经济复兴的同步进行。

20世纪70年代末，美国逐渐步入缓慢的"城市复兴"时期。由于经济增长缓慢，联邦政府减少或取消对城市建设的资助，让州及地方政府对城市计划负责。在这一政策倾向下，开发商以市场为导向进行旧城再开发，吸引中产阶级回归，城市复苏中用盈利能力更高的商业、办公楼用地取代了居住用地。直至1990年前后，公、私及居民对新建筑的需求减弱，房地产增值空间有限，美国城市进入缓慢的城市社区复兴阶段，以可持续发展和人本主义为核心，对区域进行改造建设，更加关注民众参与度与空间的文化历史价值。

（3）法国：从大规模城市改造，到夯实城市基础设施

法国第一次改造在理念上以"大"为美，通过大刀阔斧地改建，解决城市基础问题，奠定城市基本格局。19世纪的巴黎城市中心肮脏不堪，社会动荡不安，为了改善糟糕的环境，恢复社会秩序，巴黎重塑计划开始执行。为了城市交通干道网络建设，中世纪旧建筑被拆除，城市切蛋糕似的开辟中心放射性的开敞大道，并种植高大乔木塑造多条林荫大道，形成巴黎现今的基本城市格局。同时，巴黎的地下市政设施得以系统性建设，至今依然被公认为最完美的地下排水系统工程。

第二次改造注重区域思维、鼓励疏解、发展交通，形成大巴黎区。从第二次世界大战结束的1945年直到1973年石油危机，如同所有的欧洲大都市，巴黎的城市经济发展和人口增长经历了辉煌的30年，出生率加速攀升，导致住房需求暴涨，生活品质随之下降。1954年，法国实施疏解政策，巴黎开始第二次改造，这次改造不再在老城区上"动刀子"，而是通过建设新城区，将工业、金融业等行业迁出中心区域，严控城市区域人口及工业的密集度，鼓励向偏远地区搬迁，并通过修建配套交通工程，包括环城快速路、高速公路、铁路和公共交通网络，将巴黎市和巴黎大区联系起来。同时，巴黎强调旧城区的保护修缮。

第三次改造大变身，注重公众参与，重视存量空间，利用绿色低碳、公交优先等可持续发展政策，实现城市品质的提升。21世纪初期，大巴黎地区已是当时世界上高度发达的都市区，但仍存在住宅紧缺、交通拥堵、社会失衡、绿地和自然空间匮乏等问题，这都削弱了巴黎的竞争力和吸引力。2008年，法国政府推出"大巴黎计划"，旨在利用存量建设来突破城市发展的瓶颈，通过住宅区精细改造、城市绿化创造及大巴黎公共交通建设，来修补、缝合和重启都市以及被遗弃的区域，实现可持续建设和发展。

▼ 2.西方城市更新发展趋势

总体来看，欧美国家城市更新的实施不仅美化了城市形象，拓展了城市发展空间，而且有效防止了城市退化现象，增强了城市中心的吸引力，还带来了一定的经济和社会效益。西方城市对城市更新的认知从目标单一、效率优先的大规模拆除重建，逐渐转变为追求多元目标、内容丰富、具有人文色彩、强调公民参与、兼顾社会公平的渐进式的城市更新与区域发展。这些都对我国城市更新的发展方向给予启示，具体包含以下三个方面。

（1）从清除式重建到渐进式更新

欧美国家的城市更新历程从大规模清理贫民窟，改善生活环境，逐步扩展到以市场导向驱动的土地开发建设，最终转向对城市全面区域的综合效益考量，注重分阶段、自主式、保护复兴相融合的渐进式更新。更新方式也从简单的成片推倒重建，转变为保护、改造和开发相结合。

（2）从政府主导到多方合作

欧美国家的城市更新基本都经历了从中央、地方政府为主，到政府与私人投资者合作，再到政府、私人部门和地方团体三方共同合作进行城市更新的发展过程。1970年后，随着人本思想的逐渐深入，公众参与已成为欧美发达国家城市更新必不可少的组成部分，自下而上的力量持续推动城市自主更新。

（3）从物质环境更新到全方位复兴

欧美国家在城市更新从单纯的物质环境改善、市政基础设施补充等硬性条件的完善，逐步转向街区社会、经济、人文、历史等全方位的复兴。城市更新不再仅限于空间环境、城市宜居环境的营造，建筑空间形态的改变仅仅是第一步，此外还需综合考虑社会公平、创造就业、劳动力结构改革，促进邻里和睦等"人本主义"思想，挖掘城市中心区发展潜力，才是城市更新更加重要的任务。

三、我国城市更新发展历程与趋势

西方国家的城市更新是在伴随着城市的兴起、发展和走向成熟的过程中渐进式地完善出来的。与之相比，我国的城镇化速度快，城市更新发展历程短，国家和地方政府的主导性更加突出，城市更新的步伐是随着我国城镇化进程的不断推进而同步发展的。从单纯旧城、城中村改造，到产业转型升级带动城市发展的市场化变革，再向可持续发展推动城市质的提升，我国的城市更新内容正在不断延伸，我国城市更新主要包括以下几个发展阶段：

1. 1949—1977年，重点建设，分散修复阶段

新中国成立初期我国百废待兴，城市衰败落后。由于计划经济体制的制约，经过近30年的发展，我国城镇化水平由10.64%（1949年）上升到17.55%（1977年），城镇化速度一直处于较低的水平。

在财政、人力都十分紧缺的背景下，我国提出了"重点建设，稳步推进"的城市建设方针，将建设资金优先用于发展城市新工业区。大多数城市旧城区的建设，采取了"充分利用、逐步改造"的方针。旧城为了改变设施落后的局面，解决人民迫切的基本生活需求，各地城市不同程度地开展了以改善环境卫生、发展城市交通、整修市政设施和兴建工人住宅为主要内容的城市建设工作，更新重点主要是着眼于改造棚户和危房简屋。北京龙须沟整治、上海棚户区改造、南京秦淮河改造和南昌八一大道改造等，都是当时卓有成效的改造工程。

2. 1978—1989年，推倒重建，破坏性改造阶段

1978年是我国具有划时代意义的转折年，标志着我国进入了改革开放和社会主义现代化建设的新时期。城镇化由被压制转为逐步开放，在国民经济高速增长的条件下快速推进。国家鼓励小城镇发展，人口呈现由农村向城市流动的爆发性局面，仅12年的时间，城镇化率由17.92%（1978年）提升了8个百分点，达到26.21%（1989年），但由于城市快速盲目扩张，导致建设质量不高，居民和设施都处于半城市化状态。

在城市建设领域，明确了城市建设是形成和完善城市多种功能、发挥城市中心作用的基础性工作，城市更新日益成为我国城市建设的关键问题和人们关注热点。为了满足城市居民改善居住、出行条件的需求，补足城市基础设施领域的欠账，大城市尝试由政府主导进行旧城更新，受市场环境影响，采取了简单的"填空补实"形式更新，对旧城风貌影响较小，北京、上海、广州、南京、合肥、苏州、常州等城市，相继开展了成规模的旧城改造。

3. 1990—2009年，高速发展，风貌衰变阶段

城市发展全面铺开，以城市建设、小城镇发展和设立经济开发区为主要动力，城镇化率由26.41%（1990年）快速提升至46.59%（2009年）。

20世纪90年代以来，随着经济井喷式增长，国家推行城市土地有偿使用政策，将市场力量和民间资本引入城市建设进程，商品房进入高速发展期。与此同时，政府和市场共同推动，加快了旧区基础设施改善，使旧区土地得以增值。北京、上海、广州、南京、杭

州、深圳等城市开展大规模城市更新活动，涌现了北京798艺术区更新实践、上海世博会城市最佳实践区、南京老城南地区更新、杭州中山路综合更新、常州旧城更新以及深圳大冲村改造等一批城市更新实践与探索，更新重点涉及重大基础设施、老工业基地改造、历史街区保护与整治以及城中村改造等多种类型。但这一时期的大规模、高速度的城市更新与城市扩张仍有较多问题，由于对城市历史文化的关注不足，导致部分城市历史风貌遭到破坏，城市的文化特色消失。

4. 2010—2022年，重质发展，有机可持续阶段

近年来，我国的城市人口总量平稳增长，城镇化率持续提高。截至2019年末，城镇化率首次超过60%大关。这一数据标志着，城镇化发展进入缓慢时期，城市建设逐步转向重视质量提升的战略性新阶段。

2010年前后，随着城镇化水平的提高，城市人口开始集中向大城市群、特大城市等重要地区转移，但大城市边界的扩张受到限制，而城市内部相对容易拆除重建的地区已经完成改造，从而发生了新一轮的城市更新，我国城市吸取西方城市的发展历程，进入有机更新的新时期。北京、上海、广州、南京、杭州、深圳等一二线城市结合各地实际情况，在广度和深度上全面推进城市更新工作，呈现以重大事件为驱动提升城市发展活力的整体式城市更新；以产业结构升级和文化创意产业培育为导向的老工业区更新再利用；以历史文化保护为主题的历史地区保护性整治与更新；以改善困难人群居住环境为目标的棚户区与城中村改造，以及突出治理城市病和让群众有更多获得感的城市双修等，形成多种类型、多个层次和多维角度地探索新局面。

四、我国城市更新行业情况

我国城市发展已经迈入存量时代，城市更新成为建筑、房地产等城市建设行业发展的必争之地。易居企业集团在第五届地新引力峰会城市更新论坛上表示，目前我国每年约有8亿平方米存量需要更新，未来将成为10万亿级规模的巨大市场，城市更新涉及旧工业区、旧商业区、旧住宅区、城中村及旧屋村、历史文化街区、新型基础设施等多领域、多维度的综合整治，以及功能改变或者拆除重建的行动。克而瑞研究中心最新数据显示，目前，我国百强房企中已有六成参与城市更新，其中TOP50上市房企的参与比例达到78%，主要聚焦珠三角、长三角以及京津和成渝地区的重点城市，并具有向其他城市建设发展相对较快的一二线城市扩展的趋势，且目前一部分早期布局的项目已进入价值兑现期。在"十三五"时期，城市更新持续快速推进，住区旧改是重点任务之一。2016年至2019年底，全国棚改开工2157万套，超额完成我国"十三五"规划纲要明确的目标任务。同时，2020年1—11月，全国新开工改造城镇老旧小区3.97万个，惠及居民近725.27万户，总体上已完成《2020年政府工作报告》中规定的任务。"十四五"规划和2035年远景目标中明确，将完成2000年底前建成的21.9万个城镇老旧小区改造，基本完成大城市老旧厂区改造，改造一批大型老旧街区，因地制宜改造一批城中村。虽然如此，我国城市更新行业的整体发展情况仍处于初级发展阶段，呈现出行业集中度较差，资源整合和盈利模式亟待突破的特征。

在城市更新项目推进过程中，需要多政府部门和多行业链条主体共同协作参与。因此具有参与方众多、项目流程繁杂、更新诉求多元的特征，一般来说自身能力全面或有能力汇集多方资源来覆盖城市更新产业链多环节的企业，具有城市更新领域更大的参与优势。实际参与城市更新产业链的企业按照主营业务类型不同，可纵向分为金融、投资开发、规划设计、工程建设以及运营管理五大方向，每个方向所对应的市场参与主体相应有所不同。其中，大部分中小企业专注于1~2个产业环节，稍大体量企业专注于1~2种更新类型，还有些大体量公司则力争从投资到运营的全产业链覆盖。

从目前积累的城市更新经验来看，大型国有企业具有显著的资金优势、业务链条优势、体制和规模优势，在城市更新项目中更具有应对复杂多元诉求的能力。而对于专注于某些领域的企业来说，以抱团合作的方式来应对城市更新多元挑战的成功率更高，合作成为一种普遍诉求。当前市场上常见的合作方式有优势互补的房地产企业间合作，如万科和中铁建港航局合作是擅长开发运营和建设工程企业的强强结合；还有房地产企业和金融机构达成战略合作，如首开集团与中国建设银行签订战略合作协议，针对城市更新、老旧小区综合整治等领域提供的资金支持；其他还有房地产企业与地方政府进行合作，如首开集团与北京朝阳区政府签署了战略合作协议，以便获得规划政策、土地政策以及财税补贴等支持。

另外，为应对城市更新项目的高复杂度，率先进入城市更新赛道的企业已启动组织架构调整相关工作，专门成立业务部门开展具体工作，广东省的部分企业已将城市更新业务以集团公司的层级来推进，如万科、中南置地、佳兆业、华润置地、招商蛇口等。

2021年8月，住房和城乡建设部发布《住房和城乡建设部关于在实施城市更新行动中防止大拆大建问题的通知》（建科〔2021〕63号），要求严格控制大拆大建，鼓励城市更新项目由"开发方式"

向"经营模式"转变，探索政府引导、市场运作、公众参与的城市更新可持续模式，发展新业态、新场景、新功能。在新的市场需求和政策要求下，城市更新的开发、设计、建设、运营、销售的思维模式和项目运作方式将产生巨大变革，从"短平快"向"长弯慢"逐步转变。

五、我国城市更新现阶段问题与困境

当前中国城镇化率已经超过60%，按照国际经验，这阶段之后，城镇化率提高的幅度会放缓，城市前期加速发展所积累的问题会逐渐呈现，"城市病"进入高发期，需创新城市更新手段，以解决面临的安全卫生、资源约束和环境质量等可持续发展问题。这意味着中国城市将从扩张型向内涵式发展，从高速的城市建设向稳步的城市更新转变。在此转变中，必然面临诸多困境与挑战，以下将从现状认知、实施路径及政策支撑三个角度进行剖析。

▶ 1.缺乏对现状精细化、全面化、科学化的认知

城市更新地块现状往往较为复杂，对现状研判工作的精度与广度的要求会更高。而我国城市发展刚刚进入存量发展阶段，其相关现状研判工作经验往往会有所缺乏，主要体现在以下几个方面：

（1）现状研判缺乏数据支撑

当前对城市更新区域现状体检评估采用的分析评价方式仍以主观化、定性化的判断为主，全维度、精细化的分析数据严重缺失。针对城市更新地段的现状情况通常会有部分的总量数据和节点数

据，但无法做到对每一个地块的全样本、全系统的数据收集采样。而城市更新是一个复杂的问题，涉及的城市专项问题非常多，对于其中部分专项尚有较为成熟的量化评估方法，但涉及城市各个领域全系统数据收集与体检评估往往并不常见，尤其对城市风貌、公共空间等难以量化评判的专项内容更缺乏精细化的分析判断，这可能导致城市更新中存在不系统、不全面的问题。

(2) 现状评价缺乏体系搭建

城市更新地段往往位于城市的老城区，而国内现行的各类建设标准规范主要是针对新建区设定的，针对老城区建设的评价标准普遍缺失。如果以新建区的标准规范评价老城区现状建设情况，各项指标均将大大落后于标准规范的要求。而老城区由于其空间资源、人口密度、建设年代等的局限，其公共服务设施、市政基础设施、停车配建等均很难按照新建区标准执行，按照新建区标准评价老城区的建设质量，将不可避免地把未来的结果引向大拆大建，因此如何构建城市更新的现状评价体系也是需要关注的问题。

(3) 现状调查缺乏方法创新

在城市更新体检评估中，对待任何一个问题都不能从单一的技术角度出发，片面地评估分析，而是应该进行多维度的综合评价。对城市决策者的战略目标、城市建设主管部门的管理难点、投资开发企业的基本诉求、人民群众的生活"痛点"，都应纳入城市体检评估的工作范畴，综合评估找到城市问题的主要矛盾与核心症结。因此，城市更新规划的体检评估工作离不开大量的公众参与活动与调查、企业部门的访谈，而目前调研访谈还存在总体不足的问题。

（4）现状数据缺乏科学处理

城市更新地段一般建成时间较长，权属情况复杂，历史数据迭代频繁，信息极其庞杂分散。在数据逐步完善的过程中，数据类型和数量规模庞大，很多数据的统计口径、统计时间、统计范围均存在较大的差异，甚至很多基层数据记录尚未信息化，还是口口相传的模式。单纯依靠现有数据的拼凑很难形成较为全面的城市建设现状的数据样本。另外，目前城市建设往往采用以各职能部门为核心的分散式决策模式，由此导致了相关现状数据分散在各个城市建设主管部门以及各类建设单位内，信息汇聚缺失不畅，部门之间存在壁垒，数据分散、碎片化的现象非常严重。各职能部门管理边界、管理范围、管理标准等方面存在差异，导致数据在各个城市建设主管部门内及部门间均无法联动，相关信息数据难以在统一空间体系和标准体系下进行评价分析，因此在城市更新过程中需关注数字化的问题。

2.缺乏具备实操性、系统性的实施路径

城市更新项目从规划到实施往往面临诸多困难，预先设计的实施路径在实操中常会受多种因素影响，具体表现为以下几个方面：

（1）实施中跨部门难协同

由于城市更新项目是经由政府的各个部门独立上报，各部门按照自己行业情况、资金情况、近期目标对项目进行筛选。这种方式缺乏各个项目权重之间的横向比较，各部门难以判断哪些项目对城市整体发展目标更为重要。单从各部门近期目标与利益出发，上报项目难免存在避重就轻的现象，将容易完成的项目上

报，以便完成每年的工作计划，而那些实施有一定难度但对城市影响重大的项目反而迟迟不能入库。

（2）实施中计划与空间难对位

传统城市更新项目信息只有项目区位的文字描述，而具体空间地理信息分散在各个项目的主管部门与建设单位，项目在空间层面缺乏统筹。在项目分布密集的区域，经常出现建设时序、建设条件相互矛盾的现象。最典型的就是我们日常说的"马路拉链"，原本一次施工可以同步实施多个项目，但是由于缺乏空间统筹思维，导致一条路修了又修，各个部门都在这里反复作业，给城市居民带来极大的不便，而这类现象在城市各个体系中普遍存在。因此，项目亟需在空间层面进行统筹优化。而对项目地理空间信息的准确汇总，是进行空间统筹优化最基础的条件。

（3）实施中建设时序难推进

城市规划、建设、管理的复杂性决定了城市项目库的构建必须尊重城市系统的科学性与系统性。一个区域的形成从征拆到建设有其自身的逻辑安排，而城市更新项目是为实现一系列特定目标，以一定组织方式，存储在一起的项目有序集合，而非简单汇总。各项任务之间存在内在关联，并按照一定的层级和结构关系组成一个动态的整体。而传统项目库构建方式缺少在横向层面，不同系统之间进行一系列的归纳和梳理，形成层级明确、结构清晰的建设计划。

（4）实施中管理与监督难维护

由于城市更新规划目前还属于非法定规划，其制定的项目库自身不具备法律约束能力，因此，如果没有相应的项目实施监管机制，或者与法定规划的有效结合，城市更新项目很难确保项目最终落地。另一方面，影响具体项目实施的外部环境因素往往十分庞杂、难以预期，项目本身具有不确定性的特征。一个项目从策划、审批到立项很可能经历若干次的调整。因此，建立对项目库的全过程管理尤为重要，项目库需要不断地动态维护调整更新，项目实施也需要事中事后的监管机制。而当前的城市更新项目库普遍存在"重编制，轻管理"的现象，对于项目库的全过程管理十分缺失。

（5）实施中市场参与及建设资金难落实

由于城市更新目标的特定性，其重点工作内容聚焦服务民生，补齐老城区长期的"欠账"与"短板"，与之相关的项目以公益类项目为主。项目自身的盈利能力不强，严重缺乏市场参与的积极性，建设资金主要依靠政府的财政投入，这已经成为城市更新改造的最大瓶颈。而人们对改善城市环境的需求不断增加，城建项目逐年扩增，城建资金压力日益加大。因此，亟需解放思想，通过政策机制的突破创新，吸引社会资本参与"城市双修"建设，探索多元化投资建设主体。

3.缺乏细则化、体系化的政策支撑

城市更新项目由于每一步实施都涉及诸多利益主体，因此详细的政策支撑尤为重要。由于我国更新起步较晚，诸多地区更新政策尚处在初试阶段，因此在实践中常会凸显出不足之处，具体表现为以下几个方面：

（1）缺乏细化的指导政策

城市更新实施中缺乏实施中后期的细化指导政策。目前，已有政策多集中于前期目标、规划、初步评估和部分保障支持，缺乏更新实施中、后期指导政策。首先是缺乏政策有效分类，其次是分类政策中以综合政策为主，缺乏实施后期的系列配套政策，导致在实际操作过程中的具体路径尚不明确。在纲领政策后缺乏从法律规章、规划计划、技术标准、操作指引的完整城市更新政策体系支撑。

（2）缺乏多部门统筹政策

城市更新的相关职能机构统筹机制不足，难以形成政策和实施合力。城市更新工作的对象是存量空间，利益交错、矛盾众多。城市更新各关键环节的相关政策分别由多个职能部门制定出台，部门之间尚缺乏联合互动机制，上下级各职能部门之间的政策缺乏统筹，难以形成政策合力。

六、城市有机更新中市场主体参与的重要性

基于以上问题与困境的分析可以看出，城市更新工作将会长期面临多方利益矛盾、产权转移拖延、资金运转困难等诸多项目实施阻力。而市场参与主体高效的组织方式与活跃的运维能力能有效推进城市更新市场的实施效率与质量。随着政府部门针对城市更新市场协调与监管作用的不断精进、市场参与规则的不断清晰、多元主体利益协调机制的不断完善，与之相应的市场化城市更新参与模式的建构也愈加重要，也必将构成城市更新市场良性互动的重要一环。

第二章 · 我国城市更新的类别

一、城市更新的多元类别划分

城市更新是一个内涵丰富且外延广阔的城市建设领域，通过梳理大量已公开发表的文献资料发现，至今学术界对城市更新门类的分类尚无明确的统一标准。我国学者陶希东认为，所谓"城市更新"就是在城市转型发展的过程中，为解决其面临的经济衰退、环境脏乱差、建筑破损、居住拥挤、交通拥堵、空间隔离、历史文物破坏、社会危机等城市问题，由政府、企业、社会组织、民众等多元利益主体紧密合作，对城中村、街区、居住区、工厂废旧区、滨河区、土壤污染区乃至整个城市等各层面的衰退区域，通过采取拆除重建、旧建筑改造、房屋翻修、历史文化保护、公共政策等手段和方法，不断改善城市建筑环境、经济结构、社会结构和环境质量，旨在构建有特色、有活力、有效率、公平健康城市的一项综合战略行动。由于城市更新涵盖项目类型繁多，涉及的更新作业范围广泛，目前，对城市更新的分类主要是从具体部门的工作职责和范畴，或各地方城市的发展状况、环境问题、建设条件等具体更新需求出发，对城市更新项目进行笼统归类。

1. 不同部门提出的城市更新类别差异较大

《中华人民共和国国民经济和社会发展第十四个五年规划和2035年远景目标纲要》首次将"实施城市更新行动"列入五年规划，规划要求加快推进改造提升老旧小区、老旧厂区、老旧街区和城中村等存量片区功能，推进老旧楼宇改造，积极扩建新建停车场、充电桩。2020年11月，住房和城乡建设部部长王蒙徽在实施城市更新行动讲话中提出，实施城市更新行动的总体目标是建设宜居、绿色、韧性、智慧、人文城市，不断提升城市人居环境质量、人民生活质量和城市竞争力，走出一条中国特色城市发展道路。该目标下，实施城市更新行动的主要任务应围绕完善城市空间结构、生态修复、历史文化保护、老旧小区改造、新型基础设施建设等领域展开。交通运输部在2021年9月印发了《交通运输领域新型基础设施建设行动方案（2021—2025年）》，明确未来五年内交通运输领域新型基础设施建设重点领域，包括智慧公路、智慧航道、智慧港口、智慧枢纽、交通信息基础设施、交通创新基础设施等。同年11月，国务院办公厅印发《关于鼓励和支持社会资本参与生态保护修复的意见》，提出鼓励和支持社会资本参与自然生态系统保护修复、农田生态系统保护修复、城镇生态系统保护修复、矿山生态保护修复、海洋生态保护修复等更新领域。

2.不同城市提出的城市更新类别也有差异

2021年11月，住房和城乡建设部公布第一批城市更新试点名单，在北京等21个城市（区）开展第一批城市更新试点工作。北京市人民政府于2021年6月发布的《北京市人民政府关于实施城市更新行动的指导意见》，将城市更新领域分为老旧小区、老旧厂房、市政基础设施、公共服务设施、特色街区、智慧街区、生态街区等。2022年5月，北京市人民政府印发《北京市城市更新专项规划（北京市"十四五"时期城市更新规划）》，规划涵盖了住区类的老旧小区、棚户区、城中村、城边村、老城平房、四合院等；基础设施类的交通基础设施、市政基础设施、生态基础设施、公共服务设施、便民服务设施、新型基础设施等；产业类的老旧楼宇及配套公寓、商业街区及商业设施、产业园区及老旧厂房等；公共空间类的城市轴线（主干道或铁路）两侧的开放空间、蓝绿空间、历史文化、景区、商圈等存留的小微空间和零散闲地等；城市风貌类的建筑界面优化、历史文化街区环境整治和老旧建筑风貌保护、城市家具等的有机更新。

其他城市也积极推动城市更新工作。例如，重庆市住房城乡建设委员会于2020年9月印发了《重庆市城市更新工作方案》，更新工作主要涉及老旧小区改造提升、老旧工业片区转型升级、传统商圈提档升级、公共服务设施与公共空间优化升级等方面。2021年9月，《上海市城市更新条例》正式施行，主要涉及基础设施和公共设施提质，城市功能和空间格局优化，老旧小区改造，历史文化保护，城市特色风貌塑造等方面。而早在2009年12月深圳市就发布了《深圳市城市更新办法》，并于2012年制定了《深圳市城市更新办法实施细则》，更新范围包括基础设施、公共服务设施、环境整治等。2021年7月，广州市住房和城乡建设局也发布了针对该地区的《广州市城市更新条例（征求意见稿）》，更新对象与深圳市类似，包括历史文化遗产保护利用，城市公共服务设施和市政基础设施完善，城市环境改善并消除安全隐患等。截至2021年12月，已有15个试点城市（区）发布了适用于各自地区的城市更新管理办法、方案、行动指南或专项规划。据不完全统计，除了试点城市外，约有十余个城市也采取了类似的行动。

二、城市更新分类的维度

从现有的城市更新项目实施情况来看，城市更新并非聚焦于具有某一特定属性的建筑或设施，也非由主观决定哪一类项目适宜进行城市更新，而是随着时间的迁移、需求的演进、技术的迭代，在城市建设区的任意区域自然而然浮现出来的更新需要。这一情况就导致城市更新项目具有多维属性，使得城市更新项目的推动与开发建设项目相比更加复杂和多元。研究表明，影响和制约城市更新实践开展的要素从外部环境来看，包括社会、政治、经济、文化等，从内部运作来看，涉及更新目标、更新导向、产权主体、更新规模、更新对象、参与主体、改造方式、功能变更、土地流转、安置模式十个特征维度，详见表2.1。在这样随机且复杂多变的现状条件下，对于城市更新项目的分类变得十分棘手。为此，评价城市更新项目更应系统梳理影响要素，并从多角度综合地进行分析和考量评判。

城市更新的Ⅰ种特征维度　　　　　　　　表2.1

认识角度	核心要素
更新目标	物质空间修补；专类空间供给；土地资源效率提升；历史文化保护；城市功能结构调整；区域活力复兴；生态环境修复等
更新导向	供给导向（自上而下）、需求导向（自下而上）、供需双向对接
产权主体	公有产权（集体、国有）、私人产权、混合产权；单一产权人、多产权人等
更新规模	微空间、单体建筑、成片环境、城市片区等
更新对象	旧城镇、旧工厂、旧村落等
参与主体	政府、私有/国有企业、产权人、社会组织、规划师、学者等
改造方式	拆除重建、改造整治、保护维护等
功能变更	功能不变、功能植入、功能置换等
土地流转	征收、租赁、出让、划拨、补差价转换等
安置模式	原址/就近回迁、异地回迁、货币补偿等

唐燕，杨东，祝贺.城市更新制度建设——广州、深圳、上海的比较[M].北京：清华大学出版社，2019.

三、分类标准与分类体系

通过对国内外城市更新案例的详细梳理与文献研究，发现城市更新涉及的类型复杂多样，可以按照尺度、功能、用地、更新形式、收益来源、开发模式、参与主体等多种方式进行分类。常见的分类例如，按照改造方式的实施力度由强到弱，分为拆除重建类、改造整治类、保护维护类等；按更新对象可分为旧城镇、旧工厂、旧村落等；按规模可分为微空间、单体建筑、成片环境、城市片区等。在研究过程中，通过对案例的深入分析，发现不同功能类别的城市更新项目其开发运营模式差距较大，为了便于对城市更新的模式精准提炼，本研究对城市更新的具体类别进行了重新分类与定义。

本书以北京市关于实施城市更新行动指导意见为基础，综合考虑住房和城乡建设部的行动要求以及全国城市更新目前进展与现状，切实分析不同类别城市更新的功能、特点以及参与市场主体的差异性，将城市更新分为六大类别，包括片区类、基础设施类、住区类、商业办公类、工业类和历史街区类。其中片区类为面状更新，商业办公类、工业类、历史街区类和住区类为点状更新，基础设施类为线状更新。城市更新的六大类别，见图2.1。

第二章 我国城市更新的类别

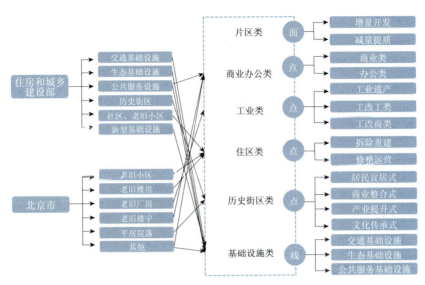

图2.1 城市更新的六大类别

第三章

基础设施类有机更新案例分析与模式研究

基础设施是指为社会生产和居民生活提供公共服务的物质工程设施，包括交通、给水排水、环境保护、文化教育和卫生事业等市政公用设施和公共生活服务设施。基础设施作为连接居民、社区和企业，并提供基本服务的关键性措施，是保证城市社会经济活动正常进行的基础。基础设施是城市必不可少的支撑骨架，在过去，基础设施一旦建成几乎是城市的永久性设施，且占有大量用地，因此，在城市有机更新过程中，对于低效或废弃的基础设施进行有机更新，在多方面都具备较大潜力价值。有机更新需要充分深入挖掘其更新潜力与价值，从解决问题、功能优先、高效利用的角度，将其综合利用为可承载城市生产和生活功能的存量空间，其难点不仅在于工程建设，更在于长期的运营能力和价值创造能力。

本文将基础设施分为交通基础设施、生态基础设施和公共服务基础设施三大类。再依据更新载体、更新手法与更新目标等，进一步将交通（市政）基础设施有机更新区分为功能转变类、低效提升类、赋能提质类；生态基础设施区分为功能转变类、修复提升类；公共服务基础设施则是按照设施功能进行分类，详见图3.1。在分类归纳的基础上，分别对各类型基础设施更新的代表性案例进行全面分析和模式总结，对其开发运营和投融资模式进行重点研究。

一、交通基础设施类有机更新

现代交通基础设施是指承担交通运输功能、保障城市各种交通方式正常运行的点状或线状实体设施，如道路、桥梁、枢纽、场站等。交通基础设施在占地范围、使用强度以及受关注层面都超过其他公共设施，其有机更新将产生深远的影响。目前其代表

第三章 基础设施类有机更新案例分析与模式研究

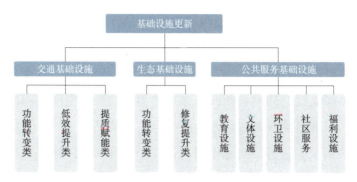

图3.1 城市更新分类框架结构

案例主要包含城市道路、铁路、港口码头、高速服务区、基础设施入地、桥下空间、道路灯光照明以及新基建等，本研究按照更新是否存在用地性质和功能变化以及更新目标的不同，将其分为功能转变类、低效提升类和提质赋能类三种细分类别。

1.功能转变类交通基础设施更新

功能转变类是指基础设施的用地性质或土地使用功能发生转变，这类更新一般工程量大、成本高且周期长，对城市结构和功能、社会和经济方面有较大影响。这类交通基础设施的更新可按照更新后原有功能是否延续存在而再细分为两类，分别为"废弃设施空间再利用"和"多层复合利用"。

（1）废弃设施空间再利用类更新——以美国高线公园更新改造为例

"废弃空间再利用"即在城市发展过程中，为基础设施更新改造而形成的存量废弃交通空间植入新的功能，激发城市活力并带动周边区域质量提升。最典型的是美国高线公园、英国金丝雀码头，以及京张铁路北京段,目前较好的实践更新路径是将原有的交通设施用地转变为城市绿地,或更新为城市需要的商业、居住、办公、休憩等混合功能。

美国高线公园的更新改造是最典型的"废弃空间再利用"类案例。该项目前身是纽约西区的货运高架铁路线,一度因影响市容市貌而面临征拆,但考虑到高达2700万美元的拆除成本和极具地标性、历史性、人文性的价值,项目最终通过"政府主导+多方合作"的公私合营方式完成了长达6年的更新工作,最终将其开发成城市开放式公园,改造前后对比图见图3.2。改造后由非营利组织"高线之友(FHL)"继续负责后期的运营工作,项目核心信息梳理详见表3.1。

图3.2 高线公园改造前VS改造后

改造前图片来源:Highline Park官网 https://www.thehighline.org/photos/historical/
改造后图片来源:冯雨 摄

代表案例——美国高线公园项目核心信息梳理　　　表3.1

类别	交通基础设施类城市更新—功能转变类—废弃空间再利用
项目名称	美国高线公园
参与主体	政府主导，多方合作 投资方：政府、FHL和开发商 运营方：非营利组织高线之友（FHL）
更新策略	废弃基础设施再利用，完善城市功能，激活片区价值 通过适度运营实现收益覆盖运营成本，达到可持续运营目的
投资与收益模式	政府与高线之友以公私合营的方式投资，政府主要投资建设、市场化主体投资运营；政府通过带动周边土地价值提升获得收益、市场化主体通过会员收费、举办展览、活动或表演等来获得收入
价值创造	经济效益：周边土地价值提升，增加运营收益，经济活跃，税收增加 社会效益：补充了绿色—教育—展示的空间，加强了居民交流互动，改善了城市风貌，形成地区文化地标，增强了地区吸引力
类似案例	京张铁路北京段、英国金丝雀码头

①项目参与主体：采用政府主导、多方合作的模式，主要由政府进行投资（约占总额的71%），其余来自非营利组织高线之友（FHL）和开发商，运营方为FHL。

②更新策略：项目通过废弃基础设施的再利用，完善城市功能，激活片区价值，同时通过适度运营实现收益覆盖运营成本，达到可持续运营目的。

高线公园的更新策略重点在于借助废弃基础设施更新机会，同步推动周边地块的功能调整与再生，以及土地开发和建筑改造。整个更新项目既包含高线公园沿线的景观与休憩空间营建，也有采取容积率转移和建筑高度与体量控制等措施对周边土地与建筑的重新规划设计。通过伴随基础设施更新改造的一系列规划设计，为区域注入如文化创意行业等的新功能和新用途，以丰富区域业态生境，增强产业生态圈的韧性和活力，同时改善区域城市风貌，提升空间品质，打造片区的新"暴风眼"。具体的策略包括，从规划层面将用地性质调整为混合用地；从建筑设计层面控制建筑高度、体量、风貌；从开发层面采取容积率转移和建筑面积奖励措施；从法律层面确认铁路区域为对公共开放的绿地空间；从政策层面出台"广告招牌设置管理""平价住宅奖励""运营基金捐赠奖励"等。

高线公园内的设计策略是"植—筑"（a strategy of Agri-Tecture），即铁路公园沿线1.5mile的路面铺装从100%的硬质路面按不断变化的比例过渡到100%植物栽培，并鼓励植物像野草一样穿过铺装的裂缝生长，通过"硬"与"软"两种质感反差明显的材料结合，创造出多样化的空间体验。同时，高线公园把城市环境的可持续发展理念作为自己的核心价值。植物种植优先挑选100mile半径内的本地（占比超过50%）、耐干旱且易维护的品种，减少外来物种入侵和维护成本。并且，公园还对所有植物废物进行堆肥，避免额外购入肥料。另外，高线公园还采取了与绿色屋顶相同的技术，雨水径流量减少80%。

同时，在运营过程中，运营方（FHL）高度重视公园的品牌力，通过持续、多维度的对外沟通强化自己的形象。邀请了当地小有名气的摄影师和专业的记者，通过拍摄铁路四季的景色，讲好高线公园的故事，改变人们对废弃铁路线的负面印象，在铁路更新和运营的宣传中起到了关键作用。如今，高线公园有着多维度的宣传推广渠道，如网站、App、博客、主流社交媒体、Newsletter、短视频、纪录片、纸质宣传册、宣讲会、发布会等，使公众能够随时获取最新、最完整的信息，并参与互动。

③投资收益模式：政府与高线之友以公私合营的方式投资，政

府主要参与投资建设、市场化主体参与投资运营；政府通过带动周边土地价值提升获得收益、市场化主体则是通过会员收费、举办展览、活动或表演等来获得收入。

该项目更新改造工程共分三个阶段，改造工程从2006年启动，到2009第一期完工，2011年完成第二期，2014年完成了全部三期施工改造工程，并在后续全线开放过程中，于2019年进一步完善点状亮点工程。粗略估计总成本约为1.873亿美元，主要由政府进行投资。前两期的总投资额达1.523亿美元，其中纽约市政府、联邦政府、州政府分别提供了1.122亿美元、2030万美元和40万美元。其余来自开发商募捐（如附近的豪华公寓楼开发商Caledonia曾捐款690万美元，用以换取更多的容积率），以及FHL筹集的私人和企业捐款。

该项目的收益主要来源于土地增值和运营收益。在更新后，政府主要通过高线公园的高吸引力带动周边土地价值提升、通过提升区域发展活力拉动税收增长。而市场投资主体（FHL）则是通过持有高线公园的运营权，获得捐赠（包括会员的月捐赠和单次捐赠）、企业合作、场地出租、举办展览或表演、产品销售、植物领养等的收入。资料显示，在过去的十年中，筹得的捐赠资金（以会员的月捐赠为主）占总收入的60%以上，项目财务信息详见表3.2和表3.3。

2010—2020年高线公园IRS990年度财务信息表：
总收支与净利润（单位：美元） 表3.2

年份	总收入	总支出	净利润
2010	13086570	9063368	4023202
2011	25511247	11887669	13623578
2012	30518888	19904976	10613912
2013	31694301	16588578	15105723

续表

年份	总收入	总支出	净利润
2014	18964933	15772710	3192223
2015	21837435	14479851	7357584
2016	18962012	16615703	2346309
2017	22663000	30253606	−7590606
2018	20859000	23255000	−2396000
2019	18024000	17206000	818000
2020	20114000	15315000	4799000

信息来源：https://projects.propublica.org/nonprofits/organizations/311734086

2010—2020年高线公园IRS990年度财务信息表：收入明细（单位：美元） 表3.3

年份	捐赠额	项目服务收益	投资收益	场地租赁费	资产出售	存货净额	其他收益
2010	12919258	109790	36061	0	−827	0	22288
2011	24155729	627616	232454	251995	−6913	250366	0
2012	28839790	290337	519132	430426	51460	247331	140412
2013	30017686	352554	643440	451000	−129660	355977	3304
2014	16812986	376467	600459	137950	426086	588955	22030
2015	18102479	415600	801314	1488881	176284	741880	110997
2016	14168068	910341	1056614	2653008	−525563	642606	56938
2017	15600000	1846000	1261000	2143000	1113000	605000	95000
2018	13212000	1654000	1469000	1223000	2829000	386000	86000
2019	12433000	1124000	1502000	1874000	186000	470000	435000
2020	17524000	886000	992000	192000	−143000	2000	661000

信息来源：https://projects.propublica.org/nonprofits/organizations/311734086

④价值创造：高线公园"光环效应"带来的经济效益十分显

著。在二期完工后仅三年（2014年）就为当地带来了9亿美元税收增加，以及20亿美元的新项目开发，并创造了12000个工作机会。周边一期和二期的住宅区房产价格中位数从2011年的142.2万美元和87.7万美元，增至2014年的180万美元（上涨32.2%）和109万美元（上涨24.3%），再到2016年分别上涨50.6%和48.2%，同年三期上涨31.4%。不仅如此，2019年全年造访人次达800万。预计到2027年，高线公园将为纽约市带来超过14亿美元的税收。

除了经济效益，高线公园还为周边扩充了绿色空间、教育空间、展示空间，承担了附近学校和社区的儿童自然教育和青少年实习基地的角色，加强了周边社区居民之间的交流互动，改善了城市风貌，形成地区文化地标，增强了地区吸引力。另外，FHL还成立了高线公园网络（High Line Network）和公共空间联盟，旨在把成功经验传播到美国其他地区，促进新一代基础设施再利用项目之间的知识共享，并为城市废旧基础设施更新再利用项目提供咨询服务。目前高线公园网络（High Line Network）已推动了包括亚特兰大环线在内的36个项目，公共空间联盟也在持续为纽约市五个行政区的15个基础设施再利用项目提供技术援助和实践支持。

类似的做法还有京张铁路北京段，通过遗址公园改造规划，连通了铁路沿线的"边角地""畸零地"，把分割城市生活的"城市灰色地带"打造为市民喜爱的"绿色公共空间"（图3.3）。在公园3.3平方公里的设计范围内，服务了周边社区26个、高校8所、居民31万人。还有如英国的金丝雀码头更新项目，在将废弃的码头区改为金融商务区时，增加了海陆空三种交通设施，加强了码头区与市中心的交通联系，起到了对商业开发的催化作用。当交通时间缩短到10分钟左右时，码头区办公楼出租率上升至99.5%。

图3.3 京张铁路改造前后对比

图片来源：张喆 摄

（2）多层复合利用类更新——以波士顿"大开挖"为例

功能转变类的第二个细分方向是"多层复合利用"，即保留现有交通（市政）基础设施功能的基础上，通过对其地上地下空间的垂直多层复合利用，提升土地利用率。这类更新除了可解决目前城市交通系统的拥堵、停车等问题，更重要的是释放出更多的城市开放空间或经营空间。通常采取这种"多层复合利用"更新方式的交通基础设施对城市总体的空间结构有影响显著。例如，波士顿"大开挖"、北京东六环下沉改造工程等。也有些是针对特定位置交通或市政基础设施做的点状的局部更新，通过土地的"多层复合利用"，提升土地利用效率，完善城市功能。例如，受壁街地下停车库建设项目、海口江东新区下沉式水厂项目等。

波士顿"大开挖"是大体量线性交通基础设施更新的经典案例，该项目以政府主导，政府自行投资240亿美元（含利息）。该项目于1991年动工，其设计和施工被分解为百余个子项目并交由不同的承包商。最终历时16年将其转化为地下交通与地面景观有机结合的城市垂直空间利用综合体（改造前后对比图详见图3.4），解决了困扰波士顿中心干道的交通拥堵以及地理空间隔离问题，项目核心信息梳理详见表3.4。

图3.4 波士顿"大开挖"改造前VS改造后

改造前后图片来源：波士顿杂志 https://www.bostonmagazine.com/news/2013/09/24/mayor-tom-menino-big-dig-photos/（Vanderwarker P. The big dig: reshaping an American city[M]. Little, Brown Young Readers, 2001.）

代表案例——美国波士顿"大开挖"项目核心信息梳理　　　表3.4

类别	交通基础设施类城市更新—功能转变类—多层复合利用
项目名称	美国波士顿"大开挖"
参与主体	政府主导，政府投资
更新策略	以交通基础设施入地的方式，实现土地的多层利用，提升土地利用率
投资与收益模式	释放出高价值地面空间，通过地面层改造来提升片区整体环境，在沿线布置高品质住宅和商业，获得土地价值提升和稳定运营收益
价值创造	在环境改善和城市品质提升的同时，实现片区土地价值最大化，争取增量空间，激活片区经济增长
类似案例	北京东六环下沉工程、海口江东新区下沉式水厂、受壁街地下停车库

①项目参与主体：该项目由政府主导，投资资金以联邦政府为主、地方政府为辅共同分担。中央干道最初由马萨诸塞州公路局持有和管理，后转由该州收费公路管理局（MTA）运营。项目建设开始后由合资企业Bechtel/Parsons Brinckerhoff（B/PB）提供设计以及施工管理，该项目共包括118份单独的建设合同，以及26份岩土钻探合同，还促成了诸如DGT的工程承包企业成立。改造后的地面部分露丝·肯尼迪绿道，由非营利组织Rose Fitzgerald Kennedy Greenway Conservancy（RFKGC）负责运营。

②更新策略：该项目通过将地面快速路转移至地下，同时在地面修建1.61km长的绿道，缓解城市交通拥堵问题，美化城市环境，加强城市间的联系，促进经济消费和城市活力恢复，进而推动周边地价提升。

"大开挖"项目的开发策略是通过道路的改建减少交通拥堵与空气污染状况，腾出地上空间开发居住、商业和绿化相结合的综合城市廊道，为市民提供休憩娱乐、文化交流的生活空间，进一步带动周边区域的发展活力。具体包括：修建的地下隧道，增加车道数量并与其他公路连接，提升区域交通的流通性与便捷性；城市廊道沿线设置文化艺术中心、园艺中心、公园、广场、可负担住宅、零售店、其他商业建筑和行政机构，优化区域商住混合用地属性，增强区域吸引力以鼓励投资与商家入驻；依托城市肌理联通滨海区域，为滨海旅游观光事业发展提供契机。

"大开挖"项目在道路规划设计中，将原有6车道的高架路从地上转移至地下，改建为能够容纳更多车流量的8至10车道的高速路，2010年地下中央干道每天运载约245000辆汽车，北端由14车道的大桥跨越查尔斯河，并扩建90号公路使其与机场贯通。地面上，修建了五个各具人文艺术特色的绿地公园串联成绿道。通过丰富的植配、蜿蜒的步道、简洁的艺术雕塑以及多形式的活动空间，形成了兼具人文、艺术、观赏价值的绿色生活空间，将原本被割裂的城市重新缝合起来。

中央干道最初由马萨诸塞州公路局拥有和管理，随后由马萨诸塞州收费公路管理局（现为马萨诸塞州交通管理局）运营，授权收费公路管理局"持有、建造、维护、维修、重建、改善、修复、融资、再融资、使用、管理、控制和运营"道路的权力。地面的露丝·肯尼迪绿道于2008年开放，交由非营利组织RFKGC进行运营，并全权负责管理公园的各项事务，包括园艺、规划、公共艺术、维护和资本改善等。绿道公园的运营预算约20%来自州和市的公共资金，20%来自商业改善区运营所获得的收入，60%由绿道公园保护协会捐赠。同时，绿道公园采用多种宣传渠道，通过官网等渠道发布最新活动信息，吸引市民前往，每年在绿道上举办的免费活动达400场。

③投资收益模式："大开挖"工程由政府进行全部投资与运营，合资企业（B/PB）与承包商负责设计与施工，政府可通过交通体系升级与环境改善所带来的价值溢出获得收益；新建成的绿地公园由独立的非营利组织负责运营，主要的运营资金来源于私人捐赠和项目服务、资产出售，近10年来基本实现收支平衡且略有盈余。

此次改造项目的收益主要来源于土地升值、激活经济所带来的间接收益与绿道公园运营的直接收益。间接收益表现为房地产价值的大幅上涨，部分建筑被重新开发为楼宇和办公空间，同时，出现了新的开发项目，如波士顿洲际酒店、政府中心车库和海港车库等。房屋售价和租价高涨，2006年每平方英尺的商业建筑年租金由原来的40美元增至50美元，且空置率仅为1%，沿线布置高品质住宅和商业帮助获得土地价值提升和稳定运营收益，旧干道地区的发展活力得到重新激发。绿道公园近十年来基本实现收支平衡，每年度大约60%以上的资金来源于私人或团体捐赠，8%的资金来源于商业开发后的资产出售，以及不菲的项目服务收入和投资收入（详见表3.5和表3.6）。绿道公园建立了节日筹款活动、市长参与的筹款晚会、举办展览或表演等多种筹款渠道。

2010—2020年露丝·肯尼迪绿道IRS990年度财务信息表：
总收支与净利润（单位：美元）　　　　　　　　　　表3.5

年份	总收入	总支出	净利润
2010	3994126	4085409	-91283
2011	4217308	4198755	18553
2012	4228931	4151430	2020176
2013	5913892	3893716	15105723
2014	4639983	4001769	638214
2015	6179867	5647355	532512
2016	4951849	4801287	150562
2017	7761906	5136861	2625045
2018	6279319	5343304	936015
2019	6223807	6120251	102836
2020	5947731	5669579	279152

注：2015年之前年度收支为上年度7月至本年度6月，2015年之后为本年度全年
信息来源：https://projects.propublica.org/nonprofits/organizations/201678932

2010—2020年露丝·肯尼迪绿道IRS990年度财务信息表：
收入明细（单位：美元）　　　　　　　　　　表3.6

年份	捐赠额	项目服务收益	投资收益	筹资净额	资产出售	存货净额	其他收益
2010	3670979	0	156756	0	0	0	166382
2011	3465394	0	339158	0	0	0	412756

续表

年份	捐赠额	项目服务收益	投资收益	筹资净额	资产出售	存货净额	其他收益
2012	3199444	0	312083	432350	116288	0	168766
2013	4247887	0	310133	252271	838142	0	265459
2014	3033686	578124	752596	-104871	348250	0	32198
2015	4752224	663978	564080	-107769	297835	0	9519
2016	3663626	956687	425543	-131755	13365	0	24383
2017	4832545	1188861	1791162	108031	3073	0	54296
2018	3618130	1475286	1250314	-121437	8020	0	49006
2019	4376922	1643639	282236	-117294	-85542	0	123126
2020	4881790	350584	77828	-26485	498417	0	165597

注：2015年之前年度收支为上年度7月至本年度6月，2015年之后为本年度全年
信息来源：https://projects.propublica.org/nonprofits/organizations/201678932

④价值创造：更新改造促使旧中央干道沿线区域的经济和社会价值得到提升。交通条件的优化使得城市交通状况得到了极大的改善，从1995年到2003年，总通行时间减少了62%，每年可为旅行者节省大约1.68亿美元的交通成本。加之城市公共空间、公园、博物馆和海港步道等的建设，重新建立起城市、人与海的联系，提升了城市形象，吸引了更多的到访者，进一步带动了地区活力。交通条件和城市环境的双重改善也带动了商业的繁荣，市中心27英亩土地中的四分之三将保持开放，其余部分用于适度开发，包括零售、商业和低层建筑的住宅用途。

"大开挖"项目带来了更多的社会效益，随着通过市中心的交通改善，被旧高速公路切断的社区可以重新连接。该项目产生的黏土和泥土填满了整个新英格兰的垃圾填埋场，包括奇观岛的前城市垃圾场。交通高峰期居民前往洛根机场的时间减少了42%~74%，

全市一氧化碳水平降低12%。改造也使得波士顿市中心成为对行人来说更安全、更有吸引力的空间，改变了许多波士顿市民的出行方式，从开车转向骑自行车甚至步行。"大开挖"打通了多条公共活动通廊，成为市民日常生活和游客体验波士顿风情的绝佳路线，公共活动和城市交通不相干扰，又互为补充、互相促进，提升了区域内的整体空间绩效。

类似案例还有正在实施的北京东六环下沉改造工程，该项目为六环路的道路更新工程，是北京市第一条大直径盾构地下道路，该项目由政府主导进行，将东六环部分原有道路进行入地改造，总投资172亿元，北京市首都公路发展集团有限公司负责，预计2024年通车运行。下沉改造后的东六环将起到缝合城市空间，连通副中心枢纽、宋庄文化产业区等多个功能区，促进区域交通一体化的功能，对于东六环周边区域功能转变以及价值提升具有重要战略意义。

除线状交通基础设施更新外，该类型还存在点状交通（市政）基础设施的更新。如海口下沉式水厂项目为点状市政基础设施用地的多层复合利用更新改造提供了例证，该项目通过将水厂这一市政基础设施进行下沉，将地表空间资源释放，通过多层复合利用提升土地使用效率。该项目的投资运营方为海口市水务集团有限公司，建设施工方为中交一航局，项目总投资约17亿元，土地性质为商业商务混合用地，兼具基础设施、商业、商务等用途，在产权管理上，通过土地产权分置，土地使用权分层出让的方式进行创新。水厂建设的投资成本也将通过后期地上商业开发的运营管理收益有效回补。

受壁街地下停车库改造项目是点状交通设施更新的典型案例。

受壁街位于白塔寺地区北边界，长期存在违法停车、火灾隐患以及影响城市风貌的难题。为解决城市问题，同时创新探索土地集约利用实践，受壁街地下停车库改造项目成为"白塔寺再生计划"中的一部分，于2018年启动目前仍在建设中。受壁街地下停车库由政府先期主导建设，后期建成后将交由市场方运营以实现运营的微利可持续。预计该地下停车库将实行差别化停车收费策略与灵活运营方式，以探索解决胡同内停车难题并保护街区历史文化风貌。

综上所述，功能转变类的项目适合在城市核心区或中心城区开展，具有整体投资高、综合效益高、经济效益潜力大的特点，且由于项目涉及城市空间结构重大变化或土地性质功能的变更，属于政府的重大决策，因此，一般需要政府同意并在政府层面进行多部门整体协调。其中"多层复合利用"类的项目虽然不涉及用地性质变更，但也需要相关政策的人力支持。"多层复合利用"类更新项目多有增量用地和经营性空间，收益来源相对稳定，更适合市场主体主导推进。而"废弃设施空间再利用"类项目多偏公益属性，运营收益相对较少，回报周期长，建议以政府牵头推进为主。

2.低效提升类交通基础设施更新

低效提升类更新是指针对目前传统城市基础设施中存在的灰色低效空间，通过新功能赋予、新运营植入、新设施环境提升等方式来提升传统低效空间的使用效率，充分释放土地价值。这类更新项目多涉及传统基础设施中的点状空间，如高架桥下空间，高速公路服务区等，其中，代表案例有苏州阳澄湖高速服务区、日本刈谷高速服务区、上海吴淞口码头、宁波高架桥下空间、上海高架桥下空间等。

（1）服务区类更新——以苏州阳澄湖高速服务区为例

苏州阳澄湖高速服务区是通过文化融合、主题植入、设施升级等更新改造策略，实现运营扭亏为盈的高速服务区更新典型案例。服务区位于沪宁高速公路阳澄湖畔，东距上海市区60公里，西距苏州12公里。该服务区自1966年投入运营以来，长期处于运营亏损状态。2016年江苏宁沪高速公路股份有限公司提出将对阳澄湖服务区进行改造升级，总投资约20亿元。2018年4月，嘉兴凯通投资公司带着十分契合的改造方案从一众投标公司中胜出，并获得了9年运营权。2019年5月服务区改造工程顺利完工，7月正式投入运营，改造前后效果对比详见图3.5。运营后仅两个月，便因其独特的服务区

图3.5　阳澄湖高速服务区改造前VS改造后

改造前图片来源：https://mp.weixin.qq.com/s/gDMwNsnWCa67zJHmZ0J0SA
改造后图片来源：新华社，https://baijiahao.baidu.com/s?id=1679973465797805851&wfr=spider&for=pc苏州工业园区管委会，http://www.sipac.gov.cn/szgyyq/mtjj/202101/5ab0085ed61f41e1a5db378fde06312e.shtml

第三章　基础设施类有机更新案例分析与模式研究

品牌形象和高品质的服务能力而爆红，一举扭转了服务区连年亏损的局面，项目核心信息梳理详见表3.7。

代表案例——苏州阳澄湖高速服务区项目核心信息梳理　　表3.7

类别	交通基础设施类城市更新—低效提升类—高速服务区
项目名称	苏州阳澄湖高速服务区
参与主体	投资主体：江苏宁沪高速公路股份有限公司（总投资约20亿元） 投资、设计和运营：嘉兴凯通投资公司（9年运营权）
更新策略	在交通基础设施类资产中盘点低效空间，植入特色与可经营项目，激活低效空间，实现可持续运营
投资与收益模式	嘉兴凯通投资公司带1.8亿元改造升级投资资金和设计方案顺利中标，并获得9年运营权，后期可通过运营获得收益
价值创造	社会效益：为交通设施用地植入公共服务和商业服务功能 文化效益：增加本地文化对外输出和文化的价值创造强度 经济效益：将传统运营中包袱空间，通过更新使之成为新利润增长点
类似案例	常州芳茂山服务区、日本刈谷高速服务区、东名高速足柄服务区、鬼平江户处羽生服务区、伊势湾海岸高速刈谷服务区、上海吴淞口码头

①项目参与主体：苏州阳澄湖高速服务区是由其产权主体江苏宁沪高速公路股份有限公司进行投资和主持更新工作，由嘉兴凯通投资公司负责设计和前9年的运营。

②更新策略：嘉兴凯通投资公司盘点了服务区中的低效空间，融入了最具苏州特色的元素，植入可经营项目，拓展了服务区的经营范围，丰富了服务区的功能定义，塑造了服务区个性的品牌形象，最终转亏为盈，实现了可持续运营。

高速服务区的利用率低且收益不稳定是一个较为普遍的问题。2018年嘉兴凯通投资公司针对苏州阳澄湖高速服务区的改造升级项目提出了"立足供给侧，打造'服务区+'从低配到高配转变"的改造方案，方案中强调"交通+旅游""交通+文化"的发展理念，确立打造有文化、有温度、有特色、有记忆的多元化服务区的目标，以及制定"三个20"的经营标准，并提出详细计划以实现服务区向交通、旅游、消费等复合型、旗舰化载体转型，将其成功打造成明星服务区，嘉兴凯通投资公司也因此获得了9年运营权。

升级后的服务区整体以"梦里水乡，诗画江南"为设计理念，以苏州"一街三园"为设计特色。改造后总建筑面积约4万m^2，园林面积达1万m^2，停车场面积约11万m^2，主体建筑总长260m，内部有景观河道、可供800人同时就餐的餐厅、容纳百人的会议室、规划45个摊位的水产市场，以及数百个停车泊位。整个更新设计方案十分重视设计细节，外部是黛瓦白墙的人字坡天际线，内部景观依照园林典籍《长物志》《园冶》的记载，借鉴留园、拙政园、狮子林的特色内涵，建有涵碧、荷风、木樨、修竹四座迷你园林。在改造工程实施过程中，嘉兴凯通投资公司强调要追求设施品质，景观河道两侧铺设枕水古街，搭建多个仿古亭子，还另购置并架设了两座江南百年古桥。另外，还在7000m^2的室内人工天幕屋顶上投影，将室内空间营造出沉浸式情境，在视觉上达到"不入苏州城，尽览姑苏景"的效果。2019年11月，中国公路学会将其评为"最美园林文化服务区"。

服务区除了设计有特色，设施和环境品质高外，服务区内经营的商业业态也十分丰富，且商品价格亲民。针对消费者需求不断多样化发展的趋势，服务区打破常规，引进了餐饮、外带、零售、科技文化服务体验等四大类32小类业态和51个品牌，其中，非餐饮类业态占比超过70%。服务区内可供挑选的餐厅和菜品也比一般的高速服务区丰富，涵盖了川菜、粤菜、徽菜等菜系，中餐和晚餐提供的菜品逾150种，但人均消费水平仍与一般市内的消费水平相近。江苏交通控股有限公司党委书记、董事长蔡任杰表示，服务区的运营目标是实现"三个20"标准，即目标设定为20%的车辆入区、每车停留20分钟、每人消费20元，若能实现该运营目标，则服务区的经济效益将远超城市商业综合体。

③投资收益模式：项目的更新成本主要由产权主体承担，运营方投资小部分，获得9年运营权，投资将通过后期运营收益收回。

该项目的总体更新成本约20亿元，主要来自其产权主体江苏宁沪高速公路股份有限公司，其中有1.8亿元的改造升级资金来自设计和运营主体嘉兴凯通投资公司。该项目的主要收益来源在于服务区的运营收益，除餐饮、酒店、超市、加油站等常规项目外，还增加了非遗展示馆、蟹文化博物馆和应用智能设备的科技体验馆等，并开发出动画、玩具、日用品、服装、工艺品、食品等近百款产品。这种方式在宣传地方文化的同时，扩大了传统服务区的经营范围，既增加了收益来源，又成功塑造了个性的服务区品牌形象，一举扭转了服务区连年亏损的局面。嘉兴凯通投资公司可获得建成后的前9年运营收益，之后运营权将交还给产权主体江苏宁沪高速公路股份有限公司，由其继续进行服务区的运营、维护和管理。

④价值创造：新理念、新目标、新形态、新业态与新模式引爆了苏州阳澄湖高速服务区的新消费需求，明星服务区的口碑吸引游客蜂拥而至，络绎不绝。2020年十一黄金周期间，到访游客超90万人次，仅10月5日一天就超过15万人次。如今，每逢节假日的日均销售收入可突破100万元，而平时每天的销售收入也在50万元至60万元之间。据嘉兴凯通投资有限公司副总经理谢文良介绍，改造后

的单次顾客平均停留时间提高了两倍，日均营收也随之增长了90%左右。据官方统计，目前40%的访客属于路过并经停服务区的，30%来自苏州工业园区唯亭镇周边地区，另有30%是从外地特意赶来服务区"打卡"的。

嘉兴凯通投资公司在开发策划过程中，着重注意筛选与本地手工艺、饮食文化、曲艺等紧密联系的主题、产业、产品和服务，在运营高速公路的一个驿站的同时，也将服务区作为对外宣传和文化输出的窗口。例如，通过非遗展示馆，展示了苏绣、宋锦、扇面、木雕、核雕、根雕等4个世界级、23个国家级、86个省级非物质文化遗产项目；通过蟹文化博物馆，为游客介绍了阳澄湖大闸蟹的发展历程和饮食文化；通过科技体验馆，形成聚合科普、互动娱乐、产品发布等综合功能的教育基地。服务区还不定期举行高速服务区艺术展，在每周五邀请艺人在服务区内搭设的木制传统戏台上，为顾客免费表演昆曲、评弹、相声等传统曲艺。这种方式既可丰富服务区提供的产品和服务类型，又可充分展示地区特色，让路过的游客对旅行有更深刻的记忆。

国内外公路服务区更新的类似项目还有很多。如沈大高速公路上的井泉服务区，是东北首家高速公路与普通公路共用的服务区开放式商业综合体。再如，常州芳茂山服务区，是世界首个以恐龙为主题的可感受沉浸式恐龙游玩体验的服务区。还有沪渝高速的冷水服务区，除常规功能外，还设有景观休闲、森林度假、房车露营和户外运动等功能板块，被中国公路学会命名为"中国高速第一自驾营地"。其他的诸如最具"侨味儿"的大槐服务区、重温历史的潞江坝服务区、极具建筑特色的滆湖服务区等，不胜枚举。

日本也有不少类似的做法,如东名高速的足柄服务区就植入了温泉服务,鬼平江户处的羽生服务区还原了江户时代的街景,伊势湾海岸高速的刈谷服务区则是增添了摩天轮、旋转木马等游乐设施。通过深入挖掘服务区的利用价值,升级老旧设施,不仅扭转了服务区运营亏损局面,还重新定义了服务区的职能。

(2)高架桥下低效空间再利用类更新——以潘火体育公园为例

宁波市桥下空间更新改造项目的代表案例之一潘火体育公园属于典型的轻资产更新改造运营项目,该项目由羽航体育发展有限公司投资1000余万元,并提供"投资、建设、运营、维护"的一揽子解决方案,盘活高架桥下的低效空间更新改造为运动场地,通过后期场地出租、举办赛事等方式获得运营收益,改造前后效果对比详见图3.6。这种方式能够有效激活城市内部灰空间,补足城市功能短板,提升土地使用效率,同时又减轻政府投资和运营负担,且轻资产模式提高了社会主体参与城市更新的积极性,项目核心信息梳理详见表3.8。

图3.6 高架桥下潘火体育公园改造前VS改造后

改造前图片来源:https://mp.weixin.qq.com/s/nNWO5lGqSOEcHry5wnihkg
改造后图片来源:宁波日报 https://www.thepaper.cn/newsDetail_forward_8604413

代表案例——宁波市潘火体育公园　　　　表3.8

类别	交通基础设施类城市更新—低效提升类—桥下空间
项目名称	宁波市潘火体育公园
参与主体	产权主体：鄞州区政府（为建设运营单位减免20年的租金） 投资、建设、运营、维护：羽航体育发展有限公司
更新策略	以轻资产运营，盘活城市基础设施中的闲置空间
投资与收益模式	羽航体育发展有限公司投资1000余万元提供一揽子解决方案，通过后期运动场地运营获取收益
价值创造	经济效益：减轻了政府投资和运营负担，同时，轻资产模式提高了社会主体参与城市更新的积极性，专业公司组织实施专业项目可更高效 社会效益：降低了传统灰空间给城市治理带来风险，提升了城市体育设施等公共服务功能，提高了土地使用效率，实现碎片化空间高效利用、城市面貌改善的双赢
类似案例	福庆体育公园、上海高架桥下 Go Parking 停车场

①项目参与主体：潘火体育公园项目由政府有关部门牵头，通过公开招标的方式选取第三方企业参与投资、建造和运营。该项目由宁波羽航体育发展有限公司投入1000余万元进行建设，建成后的运营和养护继续由羽航体育发展有限公司负责，市政部门每月对第三方的场地、设备完好率、卫生环境等进行考核。

②更新策略：潘火体育公园在保留原有高架桥区域交通功能的基础上，对桥下低效灰空间进行提升改造，融入休闲、体育、娱乐功能，实现土地的高效利用以及政府、民众、企业的多方共赢。

潘火体育公园于2019年8月开启建设，2021年1月投入运营，建成包括多功能公益广场（24小时免费开放）、篮球场（18个半场）、足球场、室内羽毛球场（11片），以及轮滑球场五大区块在内的占地9000多平方米的多功能体育公园，满足市民健身、娱乐、休憩的需要的同时，也规划有部分商业设施。该项目为激发市场主体参与城市更新的意愿，市政部门会为建设运营单位减免20年的租金。

体育公园配备高级灯光以及其他设施，全部采用运动实木地板和专业塑胶地垫。潘火体育公园场地内规划有篮球场、足球草坪和室内羽毛球馆，周边同步建设停车场，并在周围放置防腐木材质的长椅类休憩设施。除此之外，还在场地周边设计包括导视牌、标识牌、道路流线、功能分区等的标识系统，室外场地使用铁丝网和钢架构造进行围合，涂装、墙绘色彩明亮、鲜艳，颇具现代工业和街头运动风格。

③投资收益模式：潘火体育公园通过第三方社会资本的商业化独立运营实现投资收益。公园可提供体育项目的组织、策划、承办，体育运动场所的租赁、广告服务，体育用品、其他用品的批发、零售服务以及体育教育培训服务。公园日常收费标准为：篮球场：23元/人；足球场：350元/场；羽毛球场：180~220元/场；轮滑场：288元/人；羽毛球培训：7000~11880元/10课时（价格数据来源于市场调查），顾客可通过羽航体育公众号或小程序，进行场地预约。由于羽航体育发展有限公司已有深耕于宁波体育运动行业的多年经验，因此，企业本身自带良好的口碑、经验以及号召力，能够利用已有基础吸引顾客实现快速盈利。经过前期论证和试运营，证实该体育公园效益和常规的体育场馆相当。

④价值创造：传统的高架桥下空间作为"失落地带"易被开发者忽视，但通过专门的运营公司植入定制的新功能后，从"边角料"变为了城市的"金边银角"。原有潘火高架桥下空间由于权责不清、管理成本高等问题，导致部分桥下空间存在闲置、私搭乱造、绿化养护难、环境卫生差等问题，宁波市政府与羽航体育发展有限公司合作开发的"以用代管"新模式，既解决了桥下灰色空间的"脏乱差"、管理难、维护成本高问题，又通过低效空间的巧妙

利用实现可经营面积创造和商业化运营,项目建设成本低、周期短、责任主体明确,成为一种兼具社会效益与经济效益的有机更新"新解法"。从经济效益的角度来看,这种更新模式不仅减轻了政府投资的压力,也极大提高了社会主体的积极性;从社会效益的角度来看,它促进了文明城市建设,提升了城市整体形象,提高了土地资源利用率,减少了维护成本,还有效增加了体育设施和场地,实现碎片化空间高效利用、城市面貌改善的双赢。

潘火体育公园取得预期成果后,宁波羽航体育与政府部门继续合作,于2020年开发建成新一座福庆体育公园。开业当天,宁波市综合行政执法局、市体育局和羽航体育发展有限公司三方签署关于"宁波城市高架桥桥下空间开发利用"战略合作协议,根据"因地制宜""一桥一策"原则继续探索高架桥下空间利用新形式。福庆体育公园总面积约15000m^2,包含篮球场、足球场、室内VIP休闲区和停车场,预计可提供130个停车位。公园运营引入了智慧体育管理系统、现代智能管理设备、大数据平台技术、互联网+等现代管理技术,设置无人管理的门禁系统,用户仅需通过人脸识别便可进入预约空间,裁判也可以在赛事中依靠智能设备进行无纸化操作,提高了场地运营效率并降低管理成本。

类似的案例还有上海长宁区洛克公园(北新泾店)、上海高架桥下的智能停车场"Go Parking"等。其中,上海长宁区洛克公园(北新泾店)位于长宁区北翟路中环,该桥下空间经过改造于2021年8月开放,成为以"火烈鸟""猎豹""斑马"为主题的洛克公园体育设施区,占地35000m^2,包括18个篮球场、4个专业足球场、景观绿化公园、停车场,同时,结合上海"一江一河"改造,形成"街区文化"与"休憩体育"功能的有机融合,成为有限土地集约开发、激发"灰色空间"新活力、缝合交通阻隔的创新方式。该项目的成功也为后续项目提供了更多可复制经验,首南体育公园、庆丰桥足球公园、洛克中环篮球公园等项目也相继规划建设或投入运营,实现政府、企业、公众共赢,提升了城市建设水平,兼具社会效益与经济效益。还有上海高架桥下的"Go Parking"智能停车场,位于徐汇区中山西路2368号内环高架下。项目占地9550m^2,包含200多个停车位,划分为新能源充电区域、长租车位以及社会车辆停放区域三部分。由上海汇成集团下属上海宏圣车辆管理有限公司运营管理,珠海市智联行人工智能技术有限公司提供Go泊共享停车平台(Go parking)的技术服务,车主可通过App随时精准了解泊位使用情况。长包车位收费350元/月;夜间及节假日的错峰停车包月价200元/月;对外开放的临时停车收费为5元每小时。该项目通过24小时的智能化停车管理运营,减少人工工作量,活化高架桥下的消极空间,解决了周边居民和商务的停车难问题。同时,还提供充电桩车位,有效促进了电动汽车充电设施的有序发展。该项目同样具备运营成本低、前期投入小的特点,容易被复制用以解决城市停车难以及高桥桥下空间利用效率低下的问题。

　　低效提升类更新项目聚焦在传统交通基础设施中存在的低效灰空间上,其本质是通过识别出有价值的灰空间,并为其植入新功能或新设施,提升土地使用效率,合理实现城市更新项目的投资收益。另外,这类项目由于资产较轻,且运营方向较为专业,因此持续维持较好盈利的运营公司通常是"小而专"的细分行业领头羊,此类公司可实现更高效的投资与运营管理,选择优质专业的运营公司是成功关键。

3.赋能提质类交通基础设施更新——以广州市北京路更新改造工程项目为例

赋能提质类更新项目是在传统基础设施建设上不断融入新理念，如美学、文化、智慧、绿色、低碳可持续等，来改善基础设施，提升基础设施品质，达到更好服务公众目的，包括智慧智能、绿色低碳等新基建。这类更新通常包括城市街道立面改造、城市亮化工程，以及增设智慧设施等。

广州市北京路更新改造工程是集环境整治、亮化工程，新基建增设，以及文化传承、产业升级于一体的综合更新项目。以政府为主导进行分批建设，对北京路步行街0.43km^{2}内的设施、环境、文化、业态进行全方位改造，目前，已通过多方位措施将北京路街区打造成为实现文商旅深度融合的全国步行街更新改造优秀范例，改造前后效果对比详见图3.7。项目更新工作历时3年，总投资近2000万元，改造后成功实现了消费设施、街区环境、产业结构、文化设施的全面提升，项目核心信息梳理详见表3.9。

图3.7　广州市北京路步行街改造前VS改造后

改造前图片来源：信息时报 https://mp.weixin.qq.com/s/2S2sYpQHJnrA_h2tbd7Vjw
改造后图片来源：https://mp.weixin.qq.com/s/023EjiKOntGYEIYEzmtbIQ

广州市北京路更新改造工程　　　　　　　表3.9

类别	交通基础设施类城市更新—赋能提质类
项目名称	广州市北京路更新改造工程
参与主体	广州市越秀区政府（在2019—2021年分步分期开展27个重点项目）
更新策略	针对城市核心区的主要商业街区、历史街区等开展城市立面美化和设施升级的更新工作，解决老旧城区的痛点问题，充分利用历史文化等资源盘活周边商业资产
投资与收益模式	政府投资，企业通过EPC方式参与
价值创造	打造"夜广州"消费地标，从步行环境、文化元素、商贸业态、街区管理等方面着手，尊重和延续历史要素，融入新技术和新基建，创造步行街购物新体验
类似案例	广州市"一江两岸三带"核心段景观照明提升工程、天津市路灯"1001工程"、陕西西咸新区5G多功能智慧灯杆、大连金普新区新能源汽车充电网、海口江东大道地下综合管廊项目

①项目参与主体：该项目由广州市越秀区政府主导更新，在2019—2021年间分期进行了27个重点项目。改造过程中充分吸纳专家学者、商户居民和利益相关方意见，组建国资运营平台实行社会化运营，改造完成后街区管委会与茉莉集团等企业开展合作，共同扩大街区知名度。

②更新策略：北京路提升工程针对街区设施、环境整治、交通疏解、业态布局、智慧技术等多方位进行了改造更新。为挖掘北京路深厚的历史文化价值，此次改造充分保留了历代存续的传统建筑，并在外观和产业上打造现代科技和传统文化、现代潮流与传统民俗有机统一的独特街区，重振历史老街发展活力。

此次北京路改造规划对主街进行了提升与南扩，并串联9条辅街，步行区范围从0.29平方公里扩大到0.43平方公里。一方面，步行街改造尊重迭代历史遗产，促进文化资源活化，整修历史建筑的过程，按照"一栋一策"改造方案，确保骑楼建筑整体外立面风格保持连贯一致；同时，着重传统品牌的推广与非遗产业开发，推出岭南广绣、醒狮等非遗文创产品和特色名片，在历史遗产基础上建设打卡空间，通过特色传统文化创造性转化、创新性发展吸引游客到来，提升文化产业竞争力；另一方面融入当代消费娱乐新业态，对街区品牌进行重新规划和引入，通过营造街区不同路段特色，引导博物馆及电影院、网红店、书店等业态夜间开放，改造休闲观光露台等途径，注入后街经济、夜色经济、楼上经济等新经济形态。分区打造特色主题产业，形成"国潮活力、国际魅力、文化动力、美食热力、动漫魔力"的功能互补"五力街区"，促进步行街业态由单一向多元转变，增加游客兴趣度与停留时间。鼓励传统企业开启线上电商直播，促进街区商业活动和经济活力的增强。

在街区规划层面，北京路在节点打造"大师作"亮点工程，改进了街区照明设施；改善路面铺装、装饰井盖、整治建筑立面、布置休闲长椅等城市家具，设计空中花园和立体花池；打造户外裸眼3D曲面屏、水雾成像街头小景、骑楼建筑立面投影舞台剧等和智慧灯杆等新基建，建成全域旅游VR全景地图和全国首个5G智慧街区，为游客营造舒适体验氛围和新奇体验。

北京路由公有物业进行社会化运营，目前，已建成了游客服务中心、党群服务中心、智慧服务中心和智慧服务平台，并增加无人清扫机器人、无人巡逻机器人、无人售货车等智慧设备，提高服务设施智能化水平。除日常夜间展陈外，北京路也会定期举办节庆活动和演艺活动，每年举办夜间文商旅活动70余场，同时，承办首届"一带一路"国际展销会，进一步扩大街区影响力。

③投资与收益模式：北京路由越秀区政府投资1993.56万元进行改造。借由北京路及其周边产业的发展，政府可以通过周边地块价值的提升与税收收入的增加来覆盖成本，街区内的市场化主体可通过产品、服务的提供来获得收益。更新后的北京路具有更庞大的吞吐量、盈利率，更合理的产业布局和更火爆的消费人气，区域商业活动的繁荣以及客流量增加促进了周边地块价值的上涨与区域盈利能力的增加，为政府和商户形成持续收益。据统计，2020年上半年越秀区全区实现地区生产总值1555亿元，步行街全年营业额117亿元，商圈交易额超1500亿元，年均坪效2万元，客单价达880元，提袋率8.93%，接近新加坡乌节路等世界一流步行街水平。

④价值创造：

北京路的更新改造工程在丰富街区业态的同时拓展了街群空间，对当地社会具有显著的经济效益和社会效益。改造后，北京路的品牌由750个增加到1057个，融入大量潮牌、网红店、剧本杀、电竞等消费娱乐新兴业态。传统的老字号品牌也得到壮大，步行街内集聚老字号近60家、非遗项目35个，实现了传统和新兴业态的融合交错，提高了当地的文化活力，成功打造"夜广州"城市消费地标。聚焦于产业高端化、精品化和现代潮流的导向，吸引了更多的年轻客群，整体客群趋向年轻化，年轻群体占近6成，30岁以下客群占总客流比例约57%。整体消费选择也更加丰富，在全国首批11条试点步行街中排第二，游客停留时间从过去的0.5小时提高至2.6小时（未来有望提升至3~4小时）。2021年全年，北京路步行街累计客流量8214万人次，同比增长10.6%；累计营业额137.8亿元，同比增长23.3%，街区经济收入得到显著提升。

从社会效益来看，改造后的北京路贯彻以人为本理念，通过设置城市家具，重新铺设基础设施和标识，整治历史建筑的整体立面，恢复了街区的岭南历史特色，改善了街区的整体观感，地区交通通达性和绿化环境也得以提升。在游客获得更为趣味舒适的观光体验的同时，也促进了街区的历史文化保护和传承。北京路改造经验在2020年受国务院点名表扬，2021年7月正式被商务部评为"全国示范步行街"，2021年10月获评"国家级夜间文化和旅游消费集聚区"，先后被央视新闻联播、新闻直播间、东方时空、新华网、人民网等媒体进行报道，成为岭南非遗的重要展示窗口和广州展现老城市新活力的鲜活案例。

还有，诸如广州市"一江两岸三带"核心段景观照明的更新提升工程，通过珠江沿岸的城市夜景照明规划设计和灯光展演，带动了城市文化、旅游、服务等产业发展。据统计，2018年，全市旅游接待总人数2.04亿人次，同比增长10.09%；旅游业总收入3614.21亿元，同比增长12.35%。此外，灯光展演还成为传播城市形象的重要窗口之一，通过运用科技手段，以绣花功夫打造人文珠江精品文化长廊、岭南文化精粹展示带，以及独具特色的高品质灯光展示带，吸引更多的粤港澳大湾区居民和海内外游客体验岭南文化魅力，扩大广州影响力。

天津市路灯"1001工程"从设备、供电网络、智能化、节能化四个角度出发，对旧有的路灯设施进行改造提升，优化城市亮化水平，推动智慧城市建设，打造安全、优化、智慧、绿色的城市夜景。陕西西咸新区的5G多功能智慧灯杆与之类似，也是从城市照明系统入手，建设智慧照明、5G微基站、视频监控、Wi-Fi覆盖、环境监测、信息发布、应急救助于一体的集约化、信息化新型基础设施。大连金普新区新能源汽车充电网，分三个阶段打造多层次现代高效的城市充电服务网络和能源互联网，推动"双碳"目标进程。第一阶段（2021~2023）围绕打造5公里充电生态圈来建设城市核心充电网；第二阶段（2023~2024）建设3公里充电生态圈，建成充电基础设施骨干网；第三阶段（2024~2025）围绕1公里充电生态圈，建成绿色能源充电网，全面推进互联网实现区域内调峰调频、能源交易、大数据变现工作。海口江东大道地下综合管廊项目分别采用双舱管廊和单舱管廊，总长约5.10km，为江东新区重要城市生命线提供安全、高效、集约的运营环境，这一工程的建设有利于推动集约高效、绿色低碳、安全可靠、智能灵活的现代化市政基础设施建设工作。

赋能提质类更新其本质是基础设施再建设，建设模式与传统建设工程无显著差异，通过工程建设来推动城市的更新迭代。

二、生态基础设施类有机更新

生态基础设施是指保持、改善和增加生态系统服务功能的一系列基础设施，其类型包括城市绿地、湿地、农田、生物滞留池、绿色屋顶等自然和半自然系统，其主要功能是保障城市生态功能正常运行，并且使居民持续地获得生态服务，是城市可持续发展的基础重要保障和支撑。这类案例主要涉及河道、公园、矿坑修复等。基于案例研究，根据其更新目标差异，将其分为功能转变类和修复提升类。

▎ 1.功能转变类生态基础设施更新

功能转变类生态基础设施更新是指项目原有生态用地的用地性质或使用功能发生变化，通过更新实现了生态用地功能的再定义。

如西单更新场项目，是通过对城市绿地空间的立体开发，增加该地块的商业服务属性，提升土地使用效率，实现后续稳定收益。如上海佘山世茂洲际酒店项目，是通过更新将原有被破坏的生态设施更新为极具特色的商业体验功能的空间，同时实现了生态修复和土地长期收益。

（1）城市绿地空间织补类更新案例——以西单更新场项目为例

西单更新场项目位于长安街与西单北大街交会路口的东北角，西单商圈核心点位，由西城区园林局联合华润置地协同打造，以"减量、增绿、提质"为方针，将原有3万m²公园低端地下商业减量提升为绿地与商业结合的复合功能综合体，由华润万象生活接手运营，历时7年于2021年4月正式亮相，改造前后对比详见图3.8。西单更新场的商业业态和品牌特色围绕青年、文化、设计等元素铺设全球潮牌，与西单其他商业品牌形成差异化。该项目隐性价值较大，收益可以通过后期精细化的运营得到保证。这类项目对企业提出更强的资源整合、资产运营和因地制宜的产品创新能力要求，项目核心信息梳理详见表3.10。

图3.8　西单更新场改造前VS改造后

改造前图片来源：央广网http://house.cnr.cn/20220512/t20220512_525824428.html
改造后图片来源：邓尔东　摄

代表案例——西单更新场项目核心信息梳理　　　　表3.10

类别	生态基础设施类城市更新—功能转变类—增加绿地
项目名称	西单更新场
参与主体	西城区政府主导 投资主体：华润置地 地面部分园林绿化质量的监管和竣工验收：区园林局
更新策略	在核心地段植入稀缺绿地对整体片区进行激活，片区环境与活力提升后，也提升了其地下空间的商业价值
投资与收益模式	土地主体方投资6亿元进行升级改造，通过后期运营获得收益
价值创造	通过绿地空间的立体使用，改变了土地的使用性质，给市场化主体参与城市更新探索了新方向

①项目参与主体：西单更新场项目由西城区政府主导，由社会资本华润置地进行投资负责整体改造工作，由区园林局负责地面部分园林绿化监管维护，第三方设计单位参与外观与内部设计，中建二局进行施工，华润万象生活商业华北大区接手商业综合体日常运营。项目历时较长，在项目进行过程中充分吸纳各方观点和意见，如西城区商务委、长安街街道办、民俗专家、西单商圈内主要商业项目负责人等。

②更新策略：西单更新场以"减量、增绿、提质"为方针，将原有3万m²低端商业减量提升为绿地与商业结合的复合功能综合体，并对原有区域的建筑形态、业态功能以及商业品牌进行升级，提升片区环境的同时重塑文化与商业价值。通过商业综合体长期运营收益实现投资成本回收和持续盈利。

西单更新场聚焦于公共价值再造，将地上部分升级打造为城市绿色休闲空间向公众开放；地下部分利用前沿设计手法，实现存量空间的高效利用与核心城市商圈的价值再造。"减量"在于通过减少商业体量，提升潮流浓度，实现对原有小商品低端业态的疏解，构建"青年潮流发声地"，打造小体量商业中心。改造前总建筑面积约为4.3万m²，层高低，空间局促，商户多为摊位形式，楼板重新设计后减为3层，总建筑面积减到3.5万m²，商业面积由改造前的2.2万m²减至1.1万m²，其中可经营面积仅0.6万m²，原有的小商品业态也得到疏解，凝练为精致的小体量商业中心。"提质"着力更新高度复合业态，西单更新场将"青年、潮流、艺文"作为精准差异化定位，通过高度复合的业态规划，融合城市商务休闲功能、消费功能和文化功能，目标成为西单年轻时尚潮流发声地，最终形成年轻人重返西单的社会效应。"增绿"通过在西单商业区覆盖1.12万m²绿地，打造城市绿色生态空间。为了与周边项目形成互动，西单更新场在顶层设置了屋顶花园，并与过街天桥实现连通，与周边商业空间实现了双层空间上的打通，提高西单区域内各商业项目的协同效应，场内设置多处直梯和步梯，引导更多客流进入。同时，西单更新场也通过增加停车位和人防功能，保留西城历史悠久的献血屋，增设综合性警务服务站等措施，织补、完善区域城市功能，构建兼具舒适性的潮流地标，提高对高质量目标消费群体和游客的吸引力，赋予城市新的活力。

  西单更新场采取非商业建筑的设计方法，聚焦公共场所营造，在建筑设计上匠心打造"桃花源"式的空间格局，建设更公共的、更绿色的、更艺术与多元的、更沉浸体验的复合型空间。西单更新场运用灵活的动线、大面积的玻璃幕墙和开阔的场地将室内空间和室外公园连接起来，成为西单商圈写字楼环绕下的休闲场所。同时，广场建筑弱化了商业特征，外立面使用大量火山岩，整体呈现古朴的灰色调，外观更像是一座博物馆。商场内部多使用开放式店铺使每件商品都能触手可及，并丰富联通接驳位置的设计元素，加入LED显示屏、多彩楼梯、仿铜不锈钢、银色格栅等元素凸显现代美感。

西单更新场运营方在品牌引入和业态布局上追求品质与新意，将时尚和潮流元素融入商业空间，打造艺术消费与文化交流的艺文空间。引入大批特色店铺发挥时尚品牌效应，在招商时主张增加跨度、体现丰富度，打造专属于西单更新场的品牌文化和商户文化，并利用场内品牌运营社群打造独属圈层文化，营造强烈的社交氛围感。在业态布局上，更新场内零售类占比约54%；餐饮类占比约32%；文化类占比约11%；生活类占比约3%，围绕"青年、艺文、设计"理念和全球潮牌，与西单商业街其他商场里的品牌形成差异化。运营方通过提供高品质商业空间，提高土地商业价值和运营收入。

③投资收益模式：西单更新场项目改造历时7年（2014—2021年），历经腾退撤市、规划设计、施工建设、开放呈现四个阶段，总投资6个亿。由市场化主体——华润置地进行投资，集团旗下的商业运营管理企业——华润万象生活进行后续运营。运营收益是项目主要的收益来源，更新后形成的全新业态策划导入了高人气和高附加值的店铺入驻，通过店铺出租、场地出租、举办商业活动、产品销售等途径获得可观的收益。资料显示，西单更新场首月平均日客流量2.5万，首月坪效突破6400+元/m^2/月，达到华润置地最高坪效水平。对于西城区政府来说，西单更新场改造形成绿地公园和城市商业设施，综合提升了区域价值和发展活力，经济增长、人流量提升所带来的影响也为其提供长远收益。

④价值创造：2021年西单更新场开放后，五一期间日均客流量达到了5.1万以上，首月日客流约为2.5万人，50%的店铺为当月全国销售冠军，实现了西单更新场的商业升级和业态重塑，带来了巨大的经济价值。该项目也于当年荣获"北京城市更新最佳实践"奖，被称为小体量商业的标杆案例。

同时，西单更新场也实现了城市价值、休闲价值、人本价值多维度价值再造，从而进一步提升西单商圈及长安街沿线的整体品质，使西单成为年轻时尚潮流发声地。改造项目将改造前封闭的地面打开，将地上、地下联系起来，实现空间上的有机融合；另一方面实现了公共空间与商业活动有机融合。

西单更新场的出现，验证了政企协作优化改造城市存量空间模式的良好可行性，成为探索城市空间再造的典范，为其他相似情况下的"城市更新"项目积累了前沿经验和可供复制的模板。

（2）矿坑修复类更新案例——以上海佘山世茂洲际酒店项目为例

上海佘山世茂洲际酒店（简称深坑酒店）位于天马山深坑内，海拔-88m，总建筑面积61087m^2，是世界首个建造在废石坑内的自然生态酒店，由世茂集团负责投资和后续运营，项目核心信息梳理详见表3.11。项目通过商业用地的开发建设，很好整合了生态修复与废弃土地再利用，提高了土地使用效率。该酒店建设工程于2006年开始规划，2009年动工，2018年投入运营。建设过程中，项目建设团队克服了64项技术难题，被美国国家地理誉为"世界建筑奇迹"，最终把城市的"伤痕"变为"瑰宝"，为城市创造出了稀缺价值，改造前后效果详见图3.9。

代表案例——上海佘山世茂洲际酒店项目核心信息梳理　　表3.11

类别	生态基础设施类城市更新—功能转变类—矿坑修复
项目名称	上海佘山世茂洲际酒店
参与主体	投资主体：上海世茂集团
	施工主体：中建八局
	运营主体：洲际酒店集团
更新策略	对待修复用地的创新性利用，增加经营空间
投资与收益模式	以 FEPCO 的方式，投资 20 亿元用于生态修复和高端酒店设计建造，通过后期运营获得收益
价值创造	把城市的伤痕变为瑰宝，为城市创造稀缺价值
类似案例	上海辰山植物园、上海"一江一河"

图3.9　深坑酒店改造前VS改造后

改造前图片来源：美国国家地理 https：//mp.weixin.qq.com/s/vBL6fE3Ta1FkUlDGYU2Gmg
改造后图片来源：世茂集团https：//www.shimaogroup.com/html/yewu/jd/20181116/399.html

①项目参与主体：整个项目由上海世茂集团牵头，中建八局负责施工建设，历时12年，前后耗资达到了20亿元，覆盖了生态修复和高端酒店设计建造部分的全部成本，改造后由洲际酒店集团进行管理，世茂集团通过酒店运营回收前期投入的成本。

②更新策略：酒店通过矿坑的开发再利用，为土地赋予新的生态与商业价值，通过匠心设计与极高施工难度塑造酒店专属形象

与国际国内影响力，因地制宜开发水下套房、康体养生、休闲娱乐等多种运营项目获取收益，并将部分运营收入继续投入矿坑生态修复，打造酒店"与自然共生"定位，构建起商业运营与环境维护的长久良性循环。

上海佘山世茂洲际酒店将原有矿坑开发为建设商业住宅（酒店式公寓）、酒店以及休闲娱乐的高价值商业用地，并通过生态修复融入生态价值，变废为宝。通过高端酒店，并配套主题乐园、玻璃栈道、直升机等休闲项目的开发，为顾客提供全方位的住宿、餐饮、娱乐服务，确保盈利项目保持稳定收入，从而覆盖前期生态修复、酒店建设以及后期的环境和设施维护的成本。酒店自开业以来便一直吸引了较高的关注度，客房入住率维持较高水平，成为颇受喜爱的网红打卡酒店，并通过明星入住发挥名人带动效应。

该项目位于一个88m深、充满水的废弃采石场内，酒店只有两层位于地上，16层位于采石场以下，拥有336间客房。酒店设计以建造一个"真正在自然中生长的酒店"为灵感，由参与迪拜帆船酒店设计工作的设计师马丁·约克曼担任建筑设计，中建八局负责建筑施工。施工团队充分利用BIM技术，采用"一溜到底"混凝土输送技术、"一桩一探"等特殊施工方案，解决施工难度大、技术条件苛刻等难题。截至2017年该项目已完成专利38项，已授权25项，最终实现酒店每一个阳台都与消防通道连接，整个建筑的抗震性达到可抗9级地震，成为将天然室内花园、大型景观瀑布、景观总统房、水中情景房等合为一体的现代化特色建筑。

世茂房地产拥有深坑酒店项目开发建设权、在建工程的所有权及在建工程所占土地的使用权，酒店管理交由目前全球最大及网络分布最广的专业酒店管理集团——洲际集团进行。同时，酒店也与腾讯达成战略合作营业，成为最新一家微信智慧酒店。酒店的主体建筑功能包括酒店大堂、会议中心、客房、娱乐餐饮以及后勤服务等。所有客房均设有观景露台，运营方依据房间楼层以及房间内所观景色的不同，实行差异化定价策略，每晚房价3000~20000多元，房间内配套高端洗护产品及电器，酒店水下两层高端套间及水下餐厅采用先进的水族馆设计技术，为住客提供独特体验，定价为每晚3万元左右，酒店内另外开设健身中心、SPA、康体中心等专业服务，并收取一定费用。为适应亲子家庭娱乐需求，酒店同时提供深坑秘境、精灵乐园等游乐设施，包含秋千、虫虫世界、秘密花园、沙漠考古等亲子游乐自费项目，以及大型水幕表演、无人机表演、攀岩、水上桨板、直升机巡游等一系列娱乐项目，收费千元以上不等。

③投资收益模式：以EPCO的方式，上海世茂集团投资20亿元用于生态修复和高端酒店设计建造，通过洲际酒店集团后期对酒店的运营管理，以及提供各类娱乐项目服务获得稳定收益。

④价值创造：深坑酒店的建成不仅为世茂集团带来了高额收益，其独特的地理位置以及别具一格的外形也为该酒店收获了不小的国际和国内影响力。据世茂集团2019至2021年财报显示：2019年深坑酒店实现收入约2.79亿元，2020年受疫情影响仍获得约2.65亿元的收入，2021年上半年实现收入1.34亿元。深坑酒店与迪拜帆船酒店同时入选世界十大建筑奇迹中的两大酒店类奇迹，相继被美国国家地理频道栏目《伟大工程巡礼》、美国Discovery探索频道《奇迹工程》、央视大型纪录片《城市里的中国》进行跟踪拍摄。

深坑酒店以"城市治愈自然"为理念，实现了建筑与深坑景观的自然融合，曾被视为"城市伤疤"的废弃矿坑被修复，酒店的开发与日常运营使得废弃矿坑内的生态与自然景观得以恢复，呈现出"自然和人居共生融合"的价值观。同时,由酒店担任矿坑环境维护主体,加强了政府部门对区域环境保护事业的监督与协同。深坑酒店的开工建设也给上海佘山国际旅游区整体开发带去了新的契机,同周边的佘山风景区、欢乐谷、辰山植物园、广富林遗址一起组成了旅游观光集群,进一步促进区域生态旅游观光事业的发展。

功能转变类生态基础设施主要通过赋予其空间新的使用功能进行更新,直接或者间接获得的惠益。此类项目涉及用地性质变更,因此需要政府认可。虽通常投资成本较高,但项目在带来环境收益的同时,也通过赋能或增量实现运营过程中的多元化收益。

2.修复提升类生态基础设施更新——以韩国清溪川项目为例

修复提升类生态基础设施更新旨在不改变原有用地性质和使用功能,仅通过河道治理、生态修复、新基建增设等方式,恢复自然生态环境,缓解城市环境问题,进而带动周边价值提升。经典案例包括韩国清溪川、甘露溪公园、上海辰山植物园、上海"一江一河"、深圳5G智慧公园等。

清溪川位于韩国首尔市中心,周边商业密集,交通便捷,拥有大量的历史文化古迹。由于缺乏管理和贫民聚集,河道被垃圾和废物覆盖,环境日益严峻,首尔市政府先后对清溪川进行了两次封盖入地和架设高架桥的改造,却加剧了城市污染问题。2003年,由首尔市政府主导重新修复清溪川,采取分段处理、水陆同步修复的方式,总投资约3867.39亿韩元,其中包括原本用于高架路改造的资金约1000亿韩元(8413万美元),项目核心信息梳理详见表3.12。整个项目历时2年3个月完成修复,建成了一条从首尔市中心延伸到南山的绿色公共空间,改造前后效果对比详见图3.10。后续运营继续由首尔市的市政部门首尔设施公社（seoul facilities corporation）负责，目前，每年的维护费用超过67亿韩元。

代表案例——韩国清溪川项目核心信息梳理　　　　表3.12

类别	生态基础设施类城市更新—修复提升类
项目名称	韩国清溪川
参与主体	首尔市政府
更新策略	通过改善生态环境质量提升城市品质，盘活区域经济
投资与收益模式	政府投资为主
价值创造	经济效益：通过生态修复引发周边地区再开发，总体激活片区经济
	社会效益：解除交通设施安全隐患；消除河流脏臭等环境和卫生问题，打造生态型城市空间；恢复首尔市600年的历史与文化的整体性
类似案例	天津中新生态城的甘露溪公园、上海辰山植物园、上海"一江一河"、深圳南山区5G智慧公园

图3.10　韩国清溪川改造前VS改造后
图片来源：
https://globaldesigningcities.org/publication/global-street-design-guide/streets/special-conditions/elevated-structure-removal/case-study-cheonggyecheon-seoul-korea/
https://wwf.panda.org/wwf_news/?204454/Seoul-Cheonggyecheon-river

073

①参与主体：清溪川修复项目主要包含市民委员会、项目总部和研究小组三大参与主体。改造由首尔市政府主导并提供资金，而规划师、建筑师、景观设计师、艺术家则组成专业工程设计规划团队，由专家和普通市民组成市民委员会讨论并反馈公众意见，再通过官方协调敲定改造方案。清溪川后续运营由首尔设施公社负责，目前每年的维护费用近90亿韩元。

②更新策略：通过修建城市的生态基础设施，恢复市中心自然生态与环境，并辅之以具有人文历史传统的设施建设，结合商业活动中心打造区域的"文化+商业"的复合价值，引导产业结构重塑并激活沿线经济。

清溪川的更新策略为通过生态修复带动产业结构调整，提升区域产业附加值与发展潜力。修复后清溪川西部规划为城市金融中心，中部为城市商贸区，东部为商住混合区，产业结构也随之更新换代。清溪川修复改造过程中对于创意设计的强调也在激发和培育首尔市民以及文化企业的创造力，促进了首尔创意设计产业的产业化和市场化，推动首尔成为高吸引力的文化都市。清溪川的生态修复也引发了周边地区的再开发，出现现代金融、商业综合体、设计公园等高端产业集群，沿岸设置观光公社服务全国旅游事业。周边产业结构的调整为区域成为新的经济中心提供了发展契机，借此提高城市的品位和国际竞争力。

清溪川按照不同的设计理念分别进行工程修复，分别是自然景观河流、生态河流和文化河流。首先将笔直的河道恢复为自然蜿蜒河道，以近自然的方式搭配植物品种，通过搭建人工湿地增加生物多样性，为鸟类提供生态海岸丘陵作为食物来源和休息场所，并提供鱼类通道作为繁殖和避难功能。人与自然和谐共生是其修复的主要原则,体现了城市河流回归自然、天人合一的人性化修复理念。河道进行分段式设计,以"过去、现在、将来"作为改造主题,根据不同区位的生活习惯和历史背景,对应进行场所营造设计。

恢复后的清溪川作为城市公共活动空间向市民以及游客免费开放。由首尔设施公社负责运营,对清溪川沿线的树木园艺、灯光照明、文化设施、灌溉设施进行维护。每年大约需要65000吨水量以维持河道整洁与不枯竭,其中80%水量来源于汉江,其余水源来自雨水或地下水,以及经过处理后的城市中水。年度维护费用大约需90亿韩元。

③投资收益模式:全部由首尔市政府公共预算进行投资,改造完成后由首尔设施公社依赖公共资金进行运营。政府通过周边土地地价上升以及商业活动繁荣、旅游事业发展来获得长远收益,弥补投资与运营维护成本。项目开始前,首尔市预估恢复河道将吸引总计11万亿韩元(92亿美元)的私人投资,带来30万亿韩元(252亿美元)的附加值。如果首尔市能够按照韩国0.5%的平均有效税率进行增税融资(TIF),则该项目的成本将在大约20年内收回,甚至若是使用与日本和美国相同的有效高利率下,恢复期可能不到10年,但由于当时韩国法律不允许,因此并未采用TIF方法。

④价值创造:生态环境恢复后的优美环境产生积极的拉动效应,吸引优势资本、创新资源及高端人才聚集,河道两岸商业和办公大楼兴起,带动土地价格上涨以及税基扩大。世界银行的数据显示,周边地区的土地价值增加了25%~50%,尤其是清溪川方圆100m范围内的地价,在修复前仅比方圆600m范围内高出15%,而在转变为绿地后,价值差距增加到30%。另外,还带动了旅游业收入激增,据统计2005—2022年间到访清溪川的游客大约为28.7亿人次

（详见表3.13）。随着江北城区开发力度增强，成长潜力不断提高，首尔市初步实现了内部的均衡发展，形成首尔市中心主要的商务、文化、旅游区，整体提升了该区域的发展，城市中心区经济活力和国际竞争力得到了提升。

清溪川的修复改造，在首尔市中心形成了人与自然和谐共存的新形象。生态环境效应方面，修复后的清溪川生物多样性大幅增加，促进周边形成完整的生态系统，增强了河道自净功能，周边小气候显著改善，城市温度平均下降4.5℃，热岛效应有效缓解，水系风廊的流通性大大增强，空气、噪声污染明显减轻。在社会文化效益方面，增加了交流和活动的绿色公共空间，提升了首尔市民的生活质量。正月十五灯节等传统节庆集会市民都在清溪川聚集，其文化博物馆也是市民知识交流的重要场所。其历史文化建筑的改造也为现代文明和传统文化的联结提供了纽带，同时公共交通的同步建设也带来了公民意识的变化，增加了市民76%的步行活动以及15%的公交出行率，空气污染水平下降10.3%。该项目被公认为是河流及自然生态系统修复的成功典范。

类似案例还有，如天津中新生态城的甘露溪公园、上海辰山植物园、上海"一江一河"、深圳南山区5G智慧公园等。其中，天津中新生态城的甘露溪公园是将过去汉沽盐场晒盐池以及养虾的池子，通过微地形塑造、盐碱水净化池过滤、种植净化植物、填料净化剂吸附等过程，形成盐碱水净化与海绵系统兼容的绿色基础设施的成功案例。在设计上采取弹性的设计手法，解决了维护成本高，而前期使用率低，远期又无法满足未来使用需求等问题。此外，还通过光伏座椅、智慧路灯等，实现绿色能源就地生产与消纳的实时微平衡，为社区居民带来便捷低碳生活体验的同时，展示绿色能源

表3.13 首尔设施公社统计的清溪川到访人数情况

截至2022年12月 单位：万人

	总计	1月	2月	3月	4月	5月	6月	7月	8月	9月	10月	11月	12月	日均
总计	287269	16320	14943	20227	24359	29871	25397	21141	23037	23881	32760	30142	25191	46
2005	11840	—	—	—	—	—	—	—	—	—	6407	3795	1638	129
2006	28260	1689	1091	1840	2467	3113	3014	2015	2660	2142	3289	1773	3167	77
2007	21654	1221	1277	1725	2317	2530	2164	1772	1483	1766	1413	674	3312	59
2008	13760	1144	630	909	1306	1860	1070	748	1042	979	1345	976	1751	38
2009	14948	735	648	842	1387	2075	1525	1132	1476	1394	1333	1327	1274	41
2010	17688	864	889	1096	1258	1825	1357	1464	1559	1432	1998	2724	1222	48
2011	21292	982	1239	1354	1608	2591	2349	1727	1969	1978	1501	2914	1080	58
2012	16091	1060	964	1279	1428	1782	1440	1324	1201	1361	1475	1941	836	44
2013	17406	847	834	1179	1245	1692	1568	1389	1817	1663	1702	2302	1168	47
2014	18707	1180	1116	1501	1709	1792	1564	1663	1727	1657	1778	2043	977	51
2015	16198	1024	972	1226	1395	1612	1113	1125	1336	1359	1625	1811	1600	44
2016	18053	1176	979	1347	1583	2065	1852	1383	1685	1830	1773	1353	1027	49
2017	15648	759	733	1206	1499	1492	1425	1237	1341	1555	1708	1432	1261	43
2018	12565	673	720	1115	1115	1259	1203	921	784	1084	1119	1297	1275	34
2019	12978	832	828	990	1115	1328	1197	801	988	946	1288	1270	1395	35
2020	8726	816	615	754	835	793	795	676	371	730	322	721	696	24
2021	9746	605	709	882	963	823	884	796	707	865	906	830	776	27
2022	11709	713	699	982	1129	1239	1075	968	891	1140	1178	959	736	32

来源：https://www.sisul.or.kr/open_content/cheonggye/intro/summary.jsp

高效利用新模式,让绿色能源为美丽社区"赋能"。又例如上海辰山植物园,其前身一部分为采石场遗留矿坑,2004年由上海市人民政府、中国科学院和国家林草局(原国家林业局)合作共建,于2010年4月初步建成并对外开放,最终建成占地207hm^{2}的独特多层次的综合性植物园,内部设置四种功能区35个植物专类园。不仅为市民以及游客了提供游览、休憩空间,同时也进行植物的收集、研究、开发和利用,形成多个科研基地和植物资源库。辰山植物园修复了原有矿坑遗迹的生态环境,体现了"最小干预"和"东方山水意蕴"的人与自然环境和谐共生的理念,成为自然景观与人文科学相结合的优美范例。

修复提升类生态基础设施更新的本质是通过修复完善生态系统功能,提高地区人居环境质量,从而带动周边地价增长。这类项目通常投资较大,一般为政府付费,收益来源是片区层面或项目层面的土地收入和经营性收入。

三、公共服务基础设施类有机更新

公共服务设施是公共服务与设施两个词语构成的合成词,包括城乡公共设施建设,发展教育、文化、卫生、体育等公共事业,为社会公众参与社会经济、政治、文化活动等提供保障,是新时代城市服务的核心关注点。伴随着城镇化的飞速发展,我国已开展了大量交通(市政)基础设施和生态基础设施的工程建设,现如今,推进这两类基础设施有机更新项目的根本目的大多是为了解决设施有而不优、优而少用的问题,然而国内公共服务基础设施的普及还有明显欠缺。因此,解决从无到有的问题是当下公共服务基础设施类更新项目的当务之急。

我国的公共服务设施主要包括教育、文化、卫生、体育、社区服务、福利设施等。其中，教育、卫生等方面的公共服务设施具有显著的政府公益属性，目前社会资本参与较少，因此社会资本参与更新的成功案例主要集中在文化、体育、社区服务等方面，后续也将围绕这几类设施展开重点案例剖析。公共服务设施更新的代表案例有毕尔巴鄂古根海姆博物馆、通州区中仓社区家园中心、西城区大栅栏街道养老助残中心等。

▎ **1.文体设施类更新案例——以毕尔巴鄂古根海姆博物馆为例**

毕尔巴鄂是西班牙巴斯克自治区比斯开省的首府，20世纪中后叶以后因受国际经济危机影响城市严重衰败。当地政府和商业集团通过以古根海姆博物馆为代表的义化投资导入战略，把毕尔巴鄂更新成一个后工业时代服务业、金融业和旅游中心的城市片区。毕尔巴鄂古根海姆博物馆于1991年开始规划建设，1997年对外开放，由毕尔巴鄂市政府与古根海姆基金会合作完成，总体投资约9800万美元，建成后该博物馆成为颇负盛名的艺术建筑并带动了毕尔巴鄂以及巴斯克地区产业结构的整体调整与城市更新战略，改造前后效果对比详见图3.11。后续运营继续由当地政府负责，基金会进行过程监督，并以公私合作的形式继续推动毕尔巴鄂地区的城市发展，项目核心信息梳理详见表3.14。

①项目参与主体：该馆由毕尔巴鄂所属的西班牙巴斯克政府出资建造，所罗门·R·古根海姆基金会提供收藏品、交流项目和管理策略，由弗兰克·盖瑞（Frank Gehry）进行建筑设计。毕尔巴鄂大都市区—30协会（Bilbao Metropoli-30）和毕尔巴鄂—2000合作开

图3.11 毕尔巴鄂古根海姆博物馆改造前VS改造后

图片来源：https://mp.weixin.qq.com/s/1J4DrqsY8B4cbZlGu_3bHQ

代表案例——毕尔巴鄂古根海姆博物馆项目核心信息梳理　　表3.14

类别	公共服务基础设施类城市更新—文体设施
项目名称	毕尔巴鄂古根海姆博物馆
参与主体	毕尔巴鄂政府 规划设计：毕尔巴鄂都市30（BM30），由自治区及省市政府、当地银行、城市管理机构、企业、商会、高校等共同组成的公共事业实体 投资和土地一级开发：毕尔巴鄂河口2000（BR2000），由各级政府议会、国有土地管理公司、铁路设施管理公司、毕尔巴鄂港务局等组成的负责实际项目规划运营的城市发展公司
更新策略	由旗舰博物馆带动片区的产业转型和城市更新。统一更新规划、土地整理和基础设施建设，二级开发主要由开发商进行
投资与收益模式	以点带面激活地区文化产业链，通过后期运营获得收益
价值创造	盘活本土产业，增加就业岗位，推动地方艺术和文学创作水平，提高城市知名度，使城市获得可持续的经济发展
类似案例	上海徐汇滨江区西岸美术馆

发公司（Bilbao Ria 2000）分别作为城市更新长远战略制定机构和城市更新开发主体，在后续周边多个城市和片区的更新过程中继续发挥作用。

②更新策略：该战略包括以明星建筑师作品作为关键媒介，"以点带面"激活本地文化创意产业，出台一整套诸如培养国际艺术人才、组织城市艺术运动、提供艺术出版和宣传渠道等以文化促活力的城市更新举措。并由政府与相关部门协作，依据不同时期形势，适时调整更新城市发展战略。

毕尔巴鄂市开发古根海姆博物馆项目的目标不仅在于打造地标建筑，更在于"以点带面"培育地区整体文化艺术产业集群，将巴斯克地区打造成为具有国际吸引力的旅游与艺术都市。第一阶段，毕尔巴鄂市主要完善城市基础设施和文化设施的建设，依靠城市旗舰项目的影响力塑造文化城市的形象；第二阶段，关注城市的无形资产，利用综合性的文化发展措施重塑社区形象，创建高新技术部门和高等院校吸引创新人才推动文化产业的本土化发展，带动老城区的更新。为提升城市的国际形象，毕尔巴鄂对关键的公共建筑项目举办国际建筑竞赛，提升城市建设水平同时吸引文化创意人才的聚集，并且毕尔巴鄂古根海姆博物馆为年轻艺术家和艺术学生提供国际奖学金项目，进一步延揽人才。古根海姆博物馆的成功也吸引了外来资金对于周边地区新立博物馆的关注。毕尔巴鄂出台了支持创意产业发展的私营和公共部门的行动方案，其范围涵盖了艺术制作中心、公共展览空间以及创意专业培训中心等，为艺术家提供价格便宜的工作空间，优先支持创意产业，使以博物馆为代表的文化创意产业成为带动当地经济发展的龙头，以艺术文化带动地区整体经济和产业转型。

毕尔巴鄂古根海姆博物馆邀请建筑师弗兰克·盖里进行设计，大致拥有11000m²的展览空间和十九个画廊，采用尖端的计算机辅助设计技术，整个建筑由一群外覆钛合金板的不规则双曲面体量组合而成，并通过建筑表面形状的特殊处理实现博物馆与城市环境无缝融合。其余的主要城市更新项目沿河分布，以取代凋敝的工业区给人的负面印象，塑造新的城市形象。

建设完成后的古根海姆博物馆由当地政府进行运作，成立古根海姆分馆的签约年限为75年，需要交纳的品牌定额经销费是2000万美金，分馆则是根据每年营运情况的不同，向基金会上缴3%~9%不等的佣金。古根海姆博物馆作为世界上最早推行文化产业化的博物馆组织充分利用了其强大的影响力，目前，毕尔巴鄂古根海姆博物馆已拥有超过100000名会员和超过110名企业会员，这些会员的赞助资金在博物馆自筹资金比例中平均占比70%，其余30%由地区政府提供。博物馆的影像和抽象图案也被大量地应用在广告、海报、报纸、画册、杂志、书籍上进行宣传和营销，并通过不同的媒体渠道传播博物馆建设的项目进展，在其影响下，全球约130多个城市先后向古根海姆发出建馆邀请。毕尔巴鄂城市当局也组建了一系列城市规划、建筑及文化和旅游方面的组织机构，负责城市复兴项目的策划、实施和评估。一家由当地政府控制的储蓄银行BBK为古根海姆博物馆和毕尔巴鄂艺术博物馆下设的教育计划以及毕尔巴鄂艺术博物馆、海事博物馆和矿业博物馆中源自巴斯克郡的永久藏品提供资金支持。

③投资收益模式：古根海姆博物馆及周边建设主要依靠政府提供投资资金，私人部门作为补充。毕尔巴鄂古根海姆博物馆及其周边区域通过参观收费、展览活动以及促进文化与旅游产业发展、提

升地区经济总量来弥补建设成本并据此获得长远收益。

更新过程中，政府的公共投资占据主导，并吸纳私人投资作为补充。古根海姆博物馆及其周边文化产业集群的收益来源于直接的门票收入和经济增长获利。博物馆以及艺术中心的建设吸引游客、艺术展览的入驻，能够直接推动门票以及周边产品的销售同时吸引个人或企业赞助，目前，来源于赞助资金的比例已达到70%。毕尔巴鄂由传统工业转型为后工业服务、金融和旅游、文化创意并重之后，高附加值的产业结构为经济增长奠定了基础，增加就业岗位并减少人口流失，使得税收收入随之增长。截至2011年，古根海姆博物馆已经创造了2743亿欧元的GDP和5885个就业机会，增加了4220万欧元的税收。

④价值创造：通过此番城市更新，极大拉动了巴斯克地区的旅游、餐饮、交通、商业等一系列服务业的发展，艺术相关的机构数量经历了显著增长，博物馆和艺术设施、艺术创作中心、美术馆和古玩经营企业的数量也都有所增长。1997年古根海姆落成开幕后，第一年参观人数达到136万人次，其中85%以上来自该地区以外，仅博物馆的门票收入就占当年全市财政总收入的4%，而带动的相关收入则占到20%以上。巴斯克地区的"文化商品"，如图书、歌剧演出、艺术展览等，消费明显超过了西班牙的平均水平。

古根海姆博物馆的开馆也给巴斯克地区其他城市的高级博物馆创立带来了积极影响，周边城市如维多利亚现代艺术博物馆等艺术空间随之建立。毕尔巴鄂也在2004年威尼斯双年展荣获"世界最佳城建规划奖"，2010年获得"李光耀世界城市奖"，城市国际竞争力得到提升，人口流失现象也得到改善。毕尔巴鄂古根海姆的建设，使原先没落的工业重镇成功转型为西班牙著名的文化旅游胜地。此后，这种由旗舰博物馆带动产业转型和城市更新的现象即被称作"古根海姆效应"。

2.便民服务类更新案例——以中仓社区家园中心为例

通州区中仓社区家园中心位于通州区中仓街道中仓小区，是通州区首个社区级家园中心。2020年4月启动改造工程，2021年正式投入使用。"十三五"时期，中仓小区成为北京市老旧小区综合整治工作的10个试点项目之一，项目核心信息梳理详见表3.15。改造后的中仓家园中心将原占地面积800m^{2}的废弃锅炉房，建设成为建筑面积1825m^{2}的一站式社区级家园中心，打造出中仓社区"5分钟生活圈"，改造前后效果对比详见图3.12。

代表案例——通州区中仓社区家园中心项目信息梳理　　　表3.15

类别	公共服务基础设施类城市更新—社区中心
项目名称	通州区中仓社区家园中心
参与主体	通州区住房和城乡建设委和中仓街道（总投资1700万元）
更新策略	充分利用"简易低风险工程建设项目"政策，盘点闲置设施，在完善现有片区服务功能的同时，获取额外的经营性空间
投资与收益模式	通过运营获得投资的长期收益
价值创造	打造了具有代表性的未来全国一站式社区中心的模块化样板
类似案例	北京通州副中心共规划了36个家园中心，如西营社区家园中心，玉桥街道"9+X"家园

①项目参与主体：整个更新改造项目由通州区住建委和中仓街道主导并进行投资，总投资达1700万元。后期运营由专业的物业公司北京衡兴物业管理公司全权负责。

图3.12 中仓社区家园中心改造前VS改造后

改造前图片来源：新京报https://baijiahao.baidu.com/s?id=1671648302523569349&wfr=spider&for=pc

改造后图片来源：黄雨萌 摄

②更新策略：中仓社区家园中心充分利用地方城市更新支持政策，盘点改造社区低效闲置的老旧建筑，将有限空间的使用效率最大化，以较低成本实现社区公共服务功能的完善和家园中心的微利可持续运营。

中仓社区家园中心充分利用北京市2019年"简易低风险工程建设项目"的契机来推进项目开工建设。2020年在充分征求居民和产权单位意见的基础上，通州区住建委会同中仓街道启动了中仓社区家园中心的建设，改造由政府投资，社会资本参与后期运营。投用后引入便民型商业设施，构建起涵盖教育、文化、体育、医疗卫生、养老、商业六大功能的社区生活圈服务体系，以及包括生活区服务站、社区卫生服务站、文化活动中心、图书馆、体育活动中心、日间照料中心、儿童活动中心、室外活动场地等在内的公共服务设施。辐射周边2821户居民,其中,老年人有近2000人,儿童700余人。家园中心充分利用改建后的空间,在保障社区基本服务功能的同时,按照30%的比例配套商业设施,将有限空间的使用效率最大化,既确保为社区居民提供更为便捷的生活服务,又能获得稳定的运营收入,保障家园中心良性运维。

为保护区域历史感,家园中心很大程度上保留了原锅炉房"红砖"的原貌,如外立面红砖墙以及"安全合格锅炉房"铁牌子等。中仓社区家园中心共分三层,一层提供养老、配餐、家政等服务;二层偏重文化服务和青少年活动;三层全部作为社区卫生服务站。楼顶设置采光设施,同时内部安装中央空调联动系统,中心内部西侧安装外挂电梯,方便老年居民上下楼。

家园中心已于2021年9月正式投入运营,采用"整体管家服务式"模式,由专业物业公司统一管理。家园中心一层设置果蔬中心对外开放,果蔬价格和市场价相比相对较低,使用老年卡或会员卡可享受额外优惠。中仓社区家园中心提供午餐服务以及理发服务,居民可通过微信群、电话和线下预约三个渠道预约进行就餐和理发服务,也可免费参加话剧、油画、手工等培训以及儿童免费英语角、舞蹈等活动。

③政策支持:该项目充分利用"简易低风险工程建设项目"政策,将"一站式"更新策略模块化,打造样板和标杆项目。

《关于完善低风险工程建设项目审批服务的意见》于2019年由北京市规划和自然资源委联合市住房和城乡建设委、发展改革委等部门发布,对于符合低风险等级,地上建筑面积不大于10000m^2、建筑高度不高于24m,功能单一、技术要求简单的社会投资新建、改扩建项目以及内部装修项目的办公、商业、公共服务设施、仓库、厂房、住宅可适用于社会投资简易低风险工程项目管理。简易低风险工程建设项目不改变用地性质，较少产生土地出让费用且更新改造不计容积率，基本实现"零成本土地"（详见表3.16）。

同时，该项政策大大简化了工程审批流程推行"一网通办"，审批权限全部下放区级，实行"一表式"申请和受理，相关信息可同步推送至相关政府部门，实行零上门、零审批、零投资的"三零"服务。在压缩审批时限方面，不动产首次登记办理时限进一步压缩至3个工作日以内，并且可采取邮寄方式。此项优化营商环境的政策使得符合条件的工程建设项目审批最多需要21天，相较于2018年的22个环节、137.5天的办理流程，实现跨越式提升，极大降低交易成本。

目前，该项政策已扩散至山东、广州、江西、四川、广西、福建、内蒙古、黑龙江等多个省市，政策具体规定大同小异，已为该项优化营商环境的政策在全国范围内的铺开奠定了良好条件，企业可直接按照当地规定享受该项政策或与政府相关部门协商推进社会投资简易低风险工程项目的落地。

④投资收益模式：中仓社区家园中心由当地政府出资约1700万元进行建设，改造后的家园中心由专业物业管理公司统一运营。中心内设置果蔬店、便民超市等配套商业活动，并提供餐饮及理发、按摩等便民业态，物业管理公司可为居民提供相应的服务并收取一定费用，例如，餐饮中心会员就餐最低仅需16元，按摩收费80元/60分钟，老年人也可持养老卡享受价格优惠。该项目通过后期商业活动以及收费服务弥补一定的建设、管理成本并实现盈利。

⑤价值创造：中仓社区家园中心模式既有利于闲置资产盘活，又能补足老旧小区公共服务设施短板，改善老旧小区环境和风貌，

北京市住建局出台的简易低风险工程建设项目清单　　　表3.16

建筑物性质	用途限定条件	建筑面积	位置
办公	未设置化学或生物实验室；利用绿地用地、广场用地、城市道路用地、社会停车场用地和其他城市交通用地等开发地下空间的建设项目除外	地上建筑面积不大于10000m^2，建筑高度不大于24m	位于规划城乡建设用地内，市政管网配套健全，管线接入不需要破坏城市主干道或快速路；不需要占用森林林地和古树名木的保护范围、伐移林木；且未毗邻长安街及其延长线、中轴线及其延长线和天安门广场；且没有位于文物保护范围、建控地带、地下文物埋藏区、《建设项目环境影响评价分类管理名录》确定的环境敏感区，未位于机要单位和地铁安全控制范围内
商业	不销售易燃、易爆、有毒、有害物品，且不产生油烟、异味；利用绿地用地、广场用地、城市道路用地、社会停车场用地和其他城市交通用地等开发地下空间的建设项目除外	歌舞厅、录像厅、放映厅、卡拉OK厅、夜总会、游艺厅、桑拿浴室、网吧、酒吧，具有娱乐功能的餐馆、茶馆、咖啡厅等建筑总面积不大于500m^2；其他建筑地上建筑面积不大于10000m^2，建筑高度不大于24m	位于规划城乡建设用地内，市政管网配套健全，管线接入不需要破坏城市主干道或快速路；不需要占用森林林地和古树名木的保护范围、伐移林木；且未毗邻长安街及其延长线、中轴线及其延长线和天安门广场；且没有位于文物保护范围、建控地带、地下文物埋藏区、《建设项目环境影响评价分类管理名录》确定的环境敏感区，未位于机要单位和地铁安全控制范围内
公共服务设施	未设置化学或生物实验室；利用绿地用地、广场用地、城市道路用地、社会停车场用地和其他城市交通用地等开发地下空间的建设项目除外	影剧院，公共图书馆的阅览室，营业性室内健身、休闲场馆，医院的门诊楼，大学的教学楼、图书馆、食堂，寺庙、教堂等建筑总面积不大于2500m^2。托儿所、幼儿园的儿童用房，儿童游乐厅等室内儿童活动场所，养老院、福利院，医院、疗养院的病房楼，中小学校的教学楼、图书馆、食堂，学校的集体宿舍，劳动密集型企业的员工集体宿舍等建筑总面积不大于1000m^2。其他建筑地上建筑面积不大于10000m^2，建筑高度不大于24m	位于规划城乡建设用地内，市政管网配套健全，管线接入不需要破坏城市主干道或快速路；不需要占用森林林地和古树名木的保护范围、伐移林木；且未毗邻长安街及其延长线、中轴线及其延长线和天安门广场；且没有位于文物保护范围、建控地带、地下文物埋藏区、《建设项目环境影响评价分类管理名录》确定的环境敏感区，未位于机要单位和地铁安全控制范围内

续表

建筑物性质		用途限定条件	建筑面积	位置
仓库		不存放易燃、易爆、有毒、有害物品或危险品；利用绿地用地、广场用地、城市道路用地、社会停车场用地和其他城市交通用地等开发地下空间的建设项目除外	地上建筑面积不大于10000m²，建筑高度不大于24m	位于规划城乡建设用地内，市政管网配套健全，管线接入不需要破坏城市主干道或快速路；不需要占用森林林地和古树名木的保护范围、伐移林木；且未毗邻长安街延长线、中轴线及其延长线；未位于首都功能核心区；且没有位于文物保护范围、建控地带、地下文物埋藏区、《建设项目环境影响评价分类管理名录》确定的环境敏感区，未位于机要单位和地铁安全控制范围内
厂房		不存放易燃、易爆、有毒、有害物品或危险品；利用绿地用地、广场用地、城市道路用地、社会停车场用地和其他城市交通用地等开发地下空间的建设项目除外	劳动密集型企业的生产加工车间等建筑总面积不大于2500m²；其他建筑地上建筑面积不大于10000m²，建筑高度不大于24m	
住宅	平房	私房仅限原翻原建，共墙连脊项目除外，连片开发项目除外	地上建筑面积不大于10000m²，建筑高度不大于24m	位于规划城乡建设用地内，市政管网配套健全，管线接入不需要破坏城市主干道或快速路；不需要占用森林林地和古树名木的保护范围、伐移林木；且未毗邻长安街延长线、中轴线及其延长线；且没有位于文物保护范围、《建设项目环境影响评价分类管理名录》确定的环境敏感区，未位于机要单位安全控制范围内
	楼房	连片开发项目除外	地上建筑面积不大于10000m²，建筑高度不大于24m	位于规划城乡建设用地内，市政管网配套健全，管线接入不需要破坏城市主干道或快速路；不需要占用森林林地和古树名木的保护范围、伐移林木；且未毗邻长安街延长线、中轴线及其延长线；未位于首都功能核心区；且没有位于文物保护范围、建控地带、地下文物埋藏区、《建设项目环境影响评价分类管理名录》确定的环境敏感区，未位于机要单位和地铁安全控制范围内

信息来源：http://www.beijing.gov.cn/zhengce/gfxwj/sj/202002/t20200221_1666197.html

为周边居民生活提供便利，一举多得、多方共赢。

中仓社区家园中心目前已投入运作，一层的便民理发服务、菜店、超市也同步正式营业，为居民生活所需提供便利；二层的活动空间为居民提供了舒适的休闲娱乐空间；三层社区卫生医疗服务提供社区医疗卫生保障。中仓社区家园中心项目的成功落地，为北京市以及全国社区"便民生活圈"的建设提供了可复制的样本，项目成本投入较低，用地问题通过产权方与运营方协调解决，建成后交由社会资本采取灵活运营方式，功能布局可根据不同地区实际情况搭配组合，实现借由存量用地解决居民生活"痛点"。

目前，北京市通州区已有怡乐园二区家园中心，西营社区家园中心，玉桥街道"9+X"家园投入建设。未来北京市副中心也将立足于《北京城市副中心（通州区）城市更新行动计划（2021年—2025年）》，挖潜老城区存量土地资源，鼓励优先利用存量用地建设家园中心，特别是优先利用条件较好的旧厂房，探索多途径开发建设家园中心的实施模式。

中仓社区家园中心的运营同时产生了良好的经济效益与社会效益。配套商业设施以及专业服务公司（北京衡兴物业管理公司）的引入，使得中心能够提高生产服务效率并获得一定收入维持可持续运营，盘活存量资产，更好地为居民提供社区生活和商业服务。家园中心运营以来已收获多方好评，为社区居民尤其是老年人提供了舒适的就餐和休闲场所，便民商业设施的引入以及略低于周边的物价政策更好地惠及了周边居民，使居民便捷享受"一站式生活服务"。

类似案例还有，如西城区大栅栏街道养老助残中心，是福利设施类更新项目的代表案例。该项目占地820m^2，建筑面积1100m^2，原是酱油厂，由街道负责疏解腾退，并投资改建成集服务调度、健康护理、养老助残、生活服务、日间照料、精神关怀、文化娱乐等功能于一体的养老服务设施。通过打造"1512服务模式"，即一个统筹调度中心、五个营建设施、十二项主要服务功能的系统性建设，注重辐射全街道的居家服务功能建设，对老人进行健康管理和远程医疗，打造了适合历史文化街区的养老服务新模式。

西城区大栅栏街道养老助残中心由政府出资，疏解腾退旧酱油厂后投资1300余万元进行软硬件设施建设改造，后由经验丰富的民营专业养老服务机构进行运作，该中心建设工程自2015年启动，2017年3月开始对外服务。建成后辖区老人可以按月缴纳费用后入住中心享受养老照料服务，也可持养老助残卡在此处消费，中心作为区域养老枢纽，其服务也进一步辐射至社区和相关群体。该项目为我国在日渐严重的老龄化情势下解决养老问题提供了参考方案，植根于社区的发展模式同时使得基层的公共服务提供潜力得以激活。

公共服务设施的缺失是现阶段城市存在的普遍痛点问题，为城市注入如点状布局的简低类公服设施，不但有助于高效提升城市整体的服务水平，也可以为市场化主体参与城市更新拓宽了收益渠道。这类项目不但自身通过精细化运营可获得微利可持续收益，同时也提升了整个片区的活力和价值。

四、基础设施类有机更新模式的启示

基础设施更新是目前政府推动城市更新的基本抓手和主要发力点，目标是通过基础设施有机更新来推动城市功能的完善与升级。

基础设施更新可针对片区交通、生态、公共服务设施三个大方向在目前实际存在的问题来进行更新，以问题导向、目标导向来挖掘更新潜力。现阶段城市更新功能补充（公共服务类）的需求迫切性强于功能提升（交通基础设施和生态基础设施）。

基础设施更新投资传统意义上应为政府投资，项目具有公益属性。因此，项目多不以利润最大化为单一目标，而是注重带动片区的整体发展和活力，包括经济、生态、社会、文化、安全、土地价值等效益提升。目前基础设施类有机更新项目的工程建设难度往往较传统项目的工程建设难度更高，经常涉及立体开发、现有设施改造等，对实施主体的专业资质和实施能力要求较高。在传统以基础设施更新为主导的模式中，多由政府主导投资，在政府预算紧张的区域，也存在由企业代政府进行区域内平衡的模式，参与企业的核心竞争力是以最小的增量完成最高质量的基础设施更新，以更全面高效的统筹能力助力政府提供更优质的统筹方案。近年来，由于项目整体投资较大，也鼓励市场化主体积极参与投资、建设与运营，因此，逐渐出现市场化主体创新性参与模式，主要收益来源包括土地使用性质的改变、增加经营性面积等，因此，基础设施类有机更新不但考验企业的工程实施的技术经验，也越来越考验企业的后期运营能力。最后，基础设施类有机更新虽自身收益少，但影响范围广、公益性强、宣传力强，易成为亮点项目，可助力企业打造新样板，树立品牌和形象。

五、基础设施类有机更新参与方分析

基础设施类有机更新项目从整体收益来源角度看，可以分为有运营项目与无运营项目两类。有运营空间的基础设施更新项目参与方相对复杂，涉及投资、设计、开发、工程建设、运营管理等全产业链环节。其更新多为产权方或开发运营方主导，且主导方大多为国企或具备一定规模实力的民营企业，能够纵向延伸产业链，业务范围从投资开发一直延伸至运营管理。中交集团是该类型的典型代表企业，其他如保利发展控股集团股份有限公司，业务覆盖教育文化设施、体育场馆等的投资、设计、开发、施工、代理、销售、运营管理全产业链。有一部分企业更专注于某一领域，在自己专长的领域承担项目的投资、开发、运营等业务，如江苏宁沪高速公路股份有限公司专注于高速公路相关领域。除此之外，还有一些中小型民企，专精于某一专业化领域，如羽航体育发展有限公司具备专业的体育设施的投资、建设、运营管理能力和体育活动组织能力；珠海市智联行人工智能技术有限公司具备智能停车场技术研发实力，投资、开发建设和运营管理能力。这类企业充分发挥自身优势，因地制宜采取优秀的与自身实力匹配的更新方案，多参与轻资产运营管理环节，少量参与项目的投资、开发建设等重资产业务。

无运营空间的更新项目多为公益属性的公共服务项目，如北京东六环下沉工程等，这类项目往往与传统建设项目的参与方一致，由政府作为更新投资主体，市场主体主要以EPC形式参与，或仅参与设计、施工改造等单一环节。由于基础设施类更新项目的工程建设难度往往较传统项目的工程建设难度更高，因此，对实施主体的专业资质和实施能力要求较高，如波士顿"大开挖"、东六环下沉工程、韩国清溪川河道修复工程等。这类项目的EPC通常由工程建设综合能力较强的国企来承担，如中交集团、北京市市政路桥集团等。

第四章

住区类有机更新案例分析与模式研究

旧住区是指随着建成使用年限的增长，居住区受到社会、经济、物质等多方面因素影响，在功能上无法适应居住者的现代生活需要，在形态结构上呈现日益危旧的成片旧住宅或旧住宅区。住区作为与居民生活直接相关的城市区域，与居民的获得感直接相关，是城市中与人居最为密切，对人的生存、体验和生活最为重要的部分。住区更新也是我国新发展阶段推进"共同富裕"战略的重要一环。

老旧小区的改造，与民生改善息息相关，是国家层面最为关注的城市更新类型。《中华人民共和国国民经济和社会发展第十四个五年规划和2035年远景目标纲要》明确指出，应"加快推进城市更新，改造提升老旧小区、老旧厂区、老旧街区和城中村等存量片区功能，推进老旧楼宇改造，积极扩建新建停车场、充电桩"。老旧小区、城中村等住区的城市更新行动已被提上日程。如何克服资金周转、资金平衡、居民安置、法律法规完善等重难点问题，需要各地政府以及地产企业进行积极探索和大胆尝试。对住区类更新按照更新方式是否涉及拆除，将其分为拆除重建类和修整运营类两大类型展开分析。

一、拆除重建类有机更新

在我国上一轮城市更新中对于住区的更新多为"大拆大建"，较多应用了基于增量市场主导的拆除重建模式，即通过政府引导、市场运作、规划统筹的方式进行更新。以深圳为代表的拆除重建类模式，广泛应用在其他城市的旧改、棚改以及其他"大拆大建"类住区更新中，现阶段对部分城市仍然具备一定的参考价值。

以深圳蔡屋围城中村改造项目为例，深圳蔡屋围城中村是一个拥有700多年历史的村庄，京基集团作为更新牵头方在其城市更新项目中逐步探索形成了"以股权换开发运营权"的蔡屋围模式，在深圳乃至全国类似的城镇化改造中成为广泛参照的经典范例，改造前后效果对比详见图4.1。该项目开发主体京基集团通过与村庄集体股份公司协商，将村庄集体土地作价入股到开发和运营管理公司中，通过与村庄集体股份公司共同分享红利的方式获取土地开发和运营管理权。以高质量的开发和设计，合理有效的后期运营，获得了显著的经济和社会效益，创造了村民、村集体股份公司、开发运营商、政府、社会公众的五方共赢局面，项目核心信息梳理详见表4.1。

图4.1 蔡屋围城中村改造前VS改造后

改造前图片来源：深圳特区报http：//news.sina.com/cn/0/2011-03-22/073022157966.shtml
改造后图片来源：https：//www.sohu.com/a/482320617_121170307

①项目参与主体：采取政府引导、市场主体主导的模式。项目最主要的开发和运营主体为京基集团，担负了更新项目的拆迁安置和开发建设成本。深圳市蔡屋围事业股份有限公司（村集体）为产权主体，同时负责部分投资、建设和公寓物业管理。

代表案例——深圳蔡屋围城中村城市更新项目核心信息梳理　　表4.1

类别	住区更新—拆除重建类
项目名称	深圳蔡屋围城中村城市更新
参与主体	开发和运营主体：京基集团；产权主体和运营主体：深圳市蔡屋围事业股份有限公司
更新策略	通过政府引导、市场主导的方式
投资与收益模式	主要通过增量获得收益，同时，农村集体股份公司将集体土地和物业当作股份，作为城市化盈利分红的模式
价值创造	创造了村民、村集体股份公司、开发商、政府的共赢局面
类似案例	深圳华富村棚户区改造项目

②更新策略：项目采用"政府指引、市场主导"的实施模式，由业主发起城市更新项目需求，并自主选择与开发商合作，由开发商主导项目的具体工程，政府则承担对更新专项规划的审核和监督责任。在通过后续运营实现土地增值后，京基集团采取房地产销售和租赁并用的方式回收资金，并协助政府完成改善市容、秩序管理等基础工作。

2003年5月，深圳市政府审议通过《蔡屋围金融中心区改造规划方案》，确认其为市、区重点城市更新改造项目，并由京基集团作为该项目的开发商。该项目占地约4.7万m^2，总拆迁建筑面积约15万m^2，其中，村集体建筑面积约4.5万m^2，村民自有建筑面积约10.5万m^2，共涉及拆迁村民2000余人。根据项目的《拆迁补偿安置协议》，原村民的物业按照1：1的拆迁补偿比例置换为京基100的商品住宅。拆除重建后，新建建筑面积约为62.5万m^2，包括回迁安置住房、商务办公楼宇、金融商贸建筑、人民银行深圳中心支行的金库发行库及其附属用房、超高层金融文化中心大厦及高级商务公寓等。其中，深圳市蔡屋围事业股份有限公司（村集体）通过回迁安置置换了6.25万m^2的高档物业，除去自身管理的3.25万m^2的商务公寓外，其他3万m^2按照协商交由京基集团统一经营管理，从而依托京基集团专业运营团队获得稳定丰厚的分红收益。

这种在政府引导、市场主导背景下的"以股权换开发运营权"新模式的核心是产权主体和开发主体针对拆赔标准和收益分配方式的博弈。其优势在于一是政府无须参与更新项目运作，不涉及巨额资金投入，在职责范围内尽可能地保障产权主体和开发主体的市场环境，在保障既定规则的情况下，维护市场主体追求经济效益的空间和稳定性。二是产权主体和开发主体均具有话语权和分享城市提质带来的多方效益的权利，且开发主体能够掌握城市更新规划编制权和由开发激发的大部分增值收益。三是更新项目后期运营工作交付于更加专业的团队，可使得更新效益最大化，保障运营稳定收益，维持长久优质的城市空间品质。

③投资与收益模式：京基集团通过与深圳市蔡屋围事业股份有限公司（村集体）协商，以集体土地和物业入股运营公司的方式，共同承担投资任务。分享更新改造后产权方集体土地范围内的土地溢价红利，换取开发和运营权利，京基集团主要通过地价升值，以及物业管理获得收益。蔡屋围股份有限公司（村集体）收益主要来源于自营公寓租金和物业收益，以及由京基集团代管部分的租金和物业收益分红。

京基集团作为主要投资主体，其投资资金主要用于支付拆迁、重建和安置费用，具体包括高额的补偿成本、土地开发成本和房屋建造成本。蔡屋围股份有限公司（村集体）则是将资金用于开发建设和运营维护。在运营收益方面，京基集团打造的地标型建筑摩天楼商业物业，借助优越区位条件促进地价增值，从而提高租金收益和商品房销售额。蔡屋围股份有限公司（村集体）独立经营的商务公寓出租率可达98%，2020年实现年租金收入3600万元，而委托京基集团代管的年租金收益分红达2400万元，年总收益较改造之前增长4200万元。

④价值创造：蔡屋围模式在城市更新过程中达成了村民、村集体股份公司、开发运营商、政府、社会公众的五方共赢，为区域带来了巨大的经济效益和社会效益。更新改造使得村集体股份公司的经济收入得以攀升，罗湖区桂园街道蔡屋围股份公司在2014年的总收入为22780万元，同期增加1722万元；利润11974万元，同期增加1313万元；股东人均分配50558元，比上一年同期增加5041元；全年共向国家缴纳税金2556万元。2014年全公司的总收入、利润、股东人均分配和向国家缴纳税金分别为1993年时6.56倍、5.95倍、6.04倍和23.45倍，村集体和村民的收益得以稳固保证。改造后蔡屋围周边的市政和人居环境得以有效改善，带动了房屋和土地价值的升高，通过吸引高价值产业进入，激活片区经济发展活力和产业结构优化，进一步实现了土地的高度集约化利用，极大地提升了黄金地段的"含金量"。同时，京基集团借助新建写字楼高档物业等优质资产运营获得了持续收益，并通过接手京基100等世界性项目运作，积累了丰富的建设经验和运营经验，塑造了品牌知名度，为京基集团接手其他地区后续城市更新项目奠定了良好基础。

对政府而言，蔡屋围片区改造后，借助京基集团的资金支持推进市政建设，市容面貌得到极大改善。在配套设施方面，城中村近48.8万m^2的老建筑被拆除，新增高品质的公共空间约7.5万m^2，新增保障性住房7万m^2、政府产业研发用房7.5万m^2、公共配套设施5万m^2，按全市一盘棋布局增加城市公共服务设施和重大交通基础设施，打造高质量民生典范区。这些工程使得环境恶劣的城中村变成高端商业区，并配套建成4条总长1244m的市政道路，在保证财政稳定的同时推动了基础设施建设。

更新改造后，蔡屋围的住区环境状况得到极大改善，城中村原有"脏乱差"的人居环境得以整治，优化了公共基础服务设施建设，完善了城市功能配套，提升了片区居民的生活质量和现代公共服务产业的发展。聚焦打造"蔡屋围金融区"的城市更新目标，也加快了深圳市金融业发展进程，助力深圳市提升城市竞争力和城市形象。蔡屋围通过城市更新工程，不仅打造出全新的现代化区域经济龙头，更实现了蔡屋围集体经济、村民收入和政府财政收入的跨越式增长，达成村民、村集体股份公司、开发运营商、政府、社会公众等多个利益主体的互利共赢。此类由政府引导，政企居民协商合作的模式充分调动了社会资本和集体经济的积极性来改造老旧片区，这一惠及多方主体改造模式的成功，也为后续类似改造工程提供了可供借鉴的经验样本，发挥出良好的正外部溢出效应。

深圳还有很多类似案例，不同项目的更新模式略有不同，如华富村棚户区的改造工作则是以政府为开发主体，建立专项国有公司，制定实际的补偿方案。这一项目是以改善民生质量为实际导向，社会效益大于经济效益，风险较小，但利润也相对较少。

在北京也有类似更新案例，如北京丰台区东铁营棚户区改造项目。东铁营地区位于北京丰台南三环与蒲黄榆路交叉口东南部，该地区土地产权情况复杂，且经历多次无组织自发建设，区域环境以及居住条件亟待改善。2011年该地区被纳入丰台区棚户区改造规划，2013年东铁营棚改项目启动。该项目属棚户区改造典型模式，由丰台区政府牵头，通过公开招标的方式确定中国铁建公司为开发主体，委托企业筹措资金，进行拆迁、征地、补偿和基础设施与安置房建设，政府负责拆迁管理以及改造计划拟订。项目改造用地56.5hm^2，其中，国有土地面积35.2hm^2，国有企业建筑面积22.1万m^2，集体土地面积21.3hm^2，将进行安置房、学校、幼儿园、商业、背街小巷环境整治以及绿化和资金平衡项目。

该地块涉及59家国企与村庄集体土地，土地产权复杂，居民拆迁补偿期望高，面临协调难度大、安置住宅规模不足以及地块收益资金失衡问题。为解决上述问题，开发单位与政府协调确立东铁营棚改拆迁补偿政策，参考依据为《国有土地上房屋征收与补偿条例》（国务院令第590号）、《北京市国有土地上房屋征收与补偿实施意见》（京政发〔2011〕27号）、《国有土地上房屋征收评估办法》（建房〔2011〕77号）、《北京市国有土地上房屋征收停产停业损失补偿暂行办法》（京建法〔2011〕18号）、《关于国有土地上房屋征收与补偿中有关事项的通知》（京建法〔2012〕19号）、《北京市国有土地上房屋征收评估暂行办法》（京建法〔2016〕19号）、《北京市旧城区改建房屋征收实施意见》（京建发〔2013〕450号）、《北京市房屋重置成新价评估技术标准》（北估秘〔2016〕001号）等相关文件，并将项目纳入北京市棚改统贷平台，对已批安置房不足部分在附近区域外购安置房。项目总投资200.4亿元，由中铁建公司出资，企业可在完成拆迁安置工作的基础上通过土地开发、安置房销售与项目运营获得后期收益，政府则通过土地出让获取土地出让金，并按照约定向企业支付实施成本和固定比例收益。

东铁营棚改项目将在完成拆迁安置与环境整治工作的基础上，推动区域整体功能完善与产业结构升级。规划建设约25万m^{2}的5个安置房地块，完善十多条道路建设，增加4处约1.4hm²绿地，5处教育用地以及医疗卫生用地，公共服务设施以及金融服务业区域。借由棚户区整体开发改造机会，该地区将实现居住、商业、教育、医疗、休闲等多种功能的有机组合，并实现区域业态更新，引入高价值、高技术、高创意产业，重新赋予区域发展活力。

  北京的类似项目还有很多，这类项目主要难点包括解决居民对拆迁的补偿要求较高，企业资金损益差额较大，后续安置环节缺乏保障等。在丰台南苑棚户区改造项目中，北京市丰台区房屋经营管理中心（开发主体）与北京城建集团（施工主体）针对这些问题，采取众多精细化管理手段，以"一把尺子量到底"和"一对一服务群众机制"的方法，对被拆迁房屋原房建筑面积认定、房屋安置与货币补偿标准、奖励与补助标准以及其他特殊情况做出了详细的规定，使居民能够得到公平公正、统一合理的补偿，最终完成整体搬迁。

二、修整运营类有机更新

  相比大拆大建，修整运营类有机更新是近年来以北京、上海为代表的一线城市有机更新、存量发展的重要更新类型。近年来，面对老旧小区失修、物业失能、住区服务缺失等严峻问题，各地尝试在保持住区原有形态建筑的情况下，进行细部改造。以北京"劲松模式""首开模式"为代表的老旧小区更新模式是修整运营类改造的全新尝试。

  以劲松北社区更新改造项目为例，"劲松模式"最初来自愿景集团对于劲松北社区的一区、二区的更新，因此得名"劲松模式"。

该模式是社会资本介入老旧小区改造的初步探索，建立了五方联动的工作机制，即区级统筹、街乡主导、社区协调、居民议事、企业运作。项目更新社区规模约20万m^2，共有居民3605户，愿景集团共投资3000余万元，通过将低效空间转为可经营空间，以及物业管理等方式获取收益，建立起"微利可持续"的经营模式，项目核心信息梳理详见表4.2。通过这一模式，不但解决了老旧小区的环境改善与功能织补的问题，同时，有效解决了政府在老旧小区更新上的资金难题，探索创造了一条市场主体参与老旧小区更新的可行商业模式。劲松模式的成功，也得益于政策支持，愿景集团勇于探索政策盲区，以EPCO等方式盘活闲置空间，探索城市更新领域的政策新边界，推动城市更新政策制定，具有较高的可复制性和可推广性，改造前后效果对比详见图4.2。

代表案例——劲松北社区项目核心信息梳理　　　表4.2

类别	住区更新—修整运营类
项目名称	劲松北社区
参与主体	愿景集团
更新策略	以 EPCO 等方式盘活闲置空间，探索政策盲区，增加可经营面积和项目，以后期物业管理为主，形成"微利可持续"的更新形式
投资和收益模式	愿景投入自有改造资金 3000 万元，通过 EPCO 获得微利可持续收益
价值创造	探索城市更新领域的政策新边界，推动城市更新政策制定
类似案例	大兴枣园小区、通州玉桥街道、石景山区鲁谷街道六合园南社区、西城真武庙社区、石景山老山街道东里北社区（首开模式）

①项目参与主体：采取多方联动的方式，由政府进行统筹规划，街道会同社区居民议事确定改造方向，愿景集团作为组织方和投资方主导更新工作的具体内容，并担负改造工程的设计与社区后

图4.2 劲松北社区改造前VS改造后

图片来源：愿景集团https://mp.weixin.qq.com/s/YRfGgMx6G3O-4t_5jFlLDg

期运营。

②更新策略："劲松模式"是引入社会资本对老旧小区进行更新改造和运营管理的创新模式。项目通过对小区园林绿化、环境卫生等"硬件"设施进行改造并配套引入便利店、餐饮中心等便民业态，实现老旧小区综合整治。同时，政府出让物业运营权由社会资本进行公益和市场化运营，实现"微利可持续"。

愿景集团投入自有改造资金3000万元，用于劲松一区、二区的综合治理，获得社区低效空间20年的经营权，围绕公共空间、智能化、服务业态、社区文化4大类16小类30余个项目实施改造。针对老旧小区"硬件"条件较差的问题，改造实现了停车位的重新规划、绿化卫生的改善、电梯加装、公共空间打造以及外观环境的整治。改造后以愿景集团为运营主体，充分盘活原有散落的低效空间，开发社区食堂、卫生服务站、美好会客厅、自行车棚等便民业态，分别从公益性、半公益性、商业化三个层面开展运营管理工作。商业化运营层面，运营方将店面进行商业出租，并引入社区增值服务，通过后期养老、托幼、健康等产业的引入吸引资本进入，形成可能的"微利点"。通过EPCO等方式盘活低效空间，提高地段的利用率和低效地段的物业价值。另一方面，实施物业服务清单式管理，通过提供24小时安保值守与巡逻、道路清洁、垃圾清运、巡视保洁、停车管理等服务推广"谁使用谁付费"观念，同时，设置四个月"先尝后买"免费期，向居民收取必要费用以获取公共收入。

劲松北区以"一街两园两核心多节点"的规划结构进行改造，"一街"即为劲松西街，"二园"为改造劲松园、209号楼花园，两核心为社区居委会与物业服务中心，改造的"多节点"包括入口大门、配套服务设施、文化展示长廊与公园入口。此次改造增加儿童活动场地和棋牌桌椅，增加座椅及晾衣竿，在保留原有树木的同时丰富植物品种，规划设计一条红色跑道，增添专业乒乓球桌，原有200m^2车棚一半面积改造为多功能服务空间，同时，对居民楼内外部进行适老化与无障碍改造。上线运行智慧社区管理系统，实现二维码电子通行证、人脸识别、智能门禁、防疫指南等社区治理和生活服务的一键掌握。

愿景集团在更新工程完成后获得社区内部商业经营场所的经营权，为居民提供公益与付费公共服务。例如，老旧车棚改造后，除停车功能之外，还出租给便民商店获取收入；配套用房则在整修之后吸引连锁企业入驻，还保留社区内原有特色项目和特色商店。物业费则采用"先尝后买"政策，即短期内少收或不收物业费，2020年1月劲松首次开征物业费，价格为多层0.43元/m^2，高层1.42元/m^2。物业设施上，通过"居民双过半投票"的形式引入物业服务。愿景集团在安全、消防、监控、便民等基础服务优化升级的同时，完善社区文化和社区生活，组织社区活动，如定期举办消夏市集、跳蚤市场等，以拉近邻里关系，营造良好的社区氛围。原有车棚看车人被聘用为保洁人员，以"彩虹桥"七色志愿服务项目为载体，增进居民的身份认同感,建立社区服务积分奖励体系,鼓励社区服务的共同参与。

③投资收益模式:从项目整体资金来源采用了"四点"出资模式,即政府出一点、居民出一点、产权单位出一点、社会资本引进一点。愿景集团作为投资主体,承担大部分投资,并主导后续社区的开发经营,通过后续物业管理、服务使用者付费、政府补贴、商业收费等多种渠道,以"微利可持续"模式回收资金;其余资金由多方主体分摊筹集,包括政府、产权人、金融机构等。

项目总投资7600万元,其中,政府财政投资4600万元,愿景集团投入自有资金3000万元。改造完成后,愿景集团通过收取基础物业费、配套商业用房租金、停车费和街道补贴(垃圾收缴费用)以及提供养老、托幼、健康等服务获得收益,这些合法微利开发使得企业利润率达到6%~8%,预计10年可收回成本(实现规模化经营后可缩短至8~9年),成本回收后还剩余10年运营盈利期。政府给予运营方3年物业费用补贴,改造后获得的部分商业空间已出租给匠心工坊、百年义利等商业主体。具体收入结构可分为:低效空间租金收入46%,物业管理收入26%,停车管理收入19%,多种经营收入5%,政府三年补贴4%。

④价值创造:"劲松模式"具有显著的经济价值、社会效益和创新性的制度意义。据北京愿景集团总裁仓梓剑介绍,劲松北社区改造完成后,物业费收缴率逐步提高,第一年年底全体居民的物业费上缴率高于80%,社区商业的经营利润也和以前预测的相差不大。愿景集团预期10年内收回投资成本后进入盈利期,通过提供相关服务和运营闲置资源获取合理收益,进而实现一定期限内的投资回报平衡机制与微利可持续的长远目标。"劲松模式"通过社会资

本参与高效运行的新型机制，解决了长久以来老旧小区改造面临的资金不足难题，大大提升了资金利用效率，"资金、利益、运营"三大难题得到有效解决。

改造前，社区面临老龄化程度高，配套设施供需矛盾突出，生活便利度差等问题。改造过程中，完善服务设施并新增一系列智能化设备，对小区进行了立体化、系统化的改造，极大改善了当地的人居环境和生活质量。社区的人文环境也日渐浓厚，从整体上对"一街两园"示范区等进行统筹设计，使得凌乱无序的社区风貌得到体系化治理，市容市貌大为改观。社区居民的幸福感与安全感显著增强，物业服务满意度也得以提高。

"劲松模式"也为破解老旧社区更新这一难题积极探索出一条可复制、可推广的新路，为其他治理类街乡镇做好老旧小区综合改造工作提供了有益借鉴。以"劲松模式"为范本，愿景集团在西城、大兴、通州等地探索多类型模式，将"劲松模式"的内涵发展到2.0、3.0版本，并以此为龙头典范向全国范围辐射。目前，愿景集团已经在北京、山东、江苏、湖南、广东、重庆等多地推动项目落地，签约面积1.7亿m^2，覆盖15个省份、23个城市、33个县区。

同时，"劲松模式"引导社会力量参与改造的市场化机制，打破了老旧小区更新"政府兜底、街道代管"的局面，也推动了相关政策的生成，提高企业后续回收现金的信心。该模式已被列入《北京市城市更新行动计划（2021—2025年）》，2020年中共北京市委第十二届十二次全会上提出，要明确探索推广"劲松模式"；"北京'十四五'规划建议"也提出：持续推进老旧小区、危旧楼房、棚户区改造，推广"劲松模式""首开经验"，引入社会资本参与。在《关于全面推进城镇老旧小区改造工作的指导意见》、北京市《关于老旧小区综合整治市区财政补助政策的函》等政策的指引下，"劲松模式"也将更多地在一二线城市老旧社区中生根发芽。

"首开模式"是北京住区修整改造类更新的另一典型。2019年7月，首开集团与北京市石景山区人民政府签署了《石景山区与首开集团战略合作三年行动计划（2019—2021年）》，在原属首钢集团非经资产的石景山老山街道东里北社区内开展改造，目标是解决其老年住户比率高，环境和公共设施落后、停车难等问题。2019年8月，社区启动"10+1"改造工程，此次改造历时4个月，共修缮道路2500m²，绿化美化1.6万m²，楼道内粉刷3.35万m²，安装铁艺栅栏570m²，拆除地锁500余个，清理楼内堆物堆料103处，门禁安装76处，修建无障碍坡道76处。改造充分利用低效存量空间开发便民服务业态，引入优质品牌服务商，实现盘活低效空间、形成运营收益的同时便利居民生活。

"首开经验"形成"居民出一点、企业投一点、产权单位筹一点、补建设施收益一点、政府支持一点"的多个"一点"资金筹措模式。改造完成后，社区物业转交至首开下属首华物业进行管理，运营收益将以物业费、停车费、盈利空间运营租金的形式进行长期微利回收。收费标准大致为：物业费每月0.41元/m²，按套均住宅面积60m²计算，每户每年物业费为200~300元。地库车位3600元/年；地面车位1200元/年；临时停车则按照北京路侧停车收费标准，首小时6元，第二小时起为每小时9元。通过"使用者付费"与商业运营实现从"输血"到"自我造血"的转变。

作为北京市唯一的非经营性资产接收、管理、处置、运营平台，首开集团借由老山东里北社区改造首次提出"有机更新"概念，形成具有创新特色的老旧小区改造"首开经验"，将老旧小区的改造从过去简单的物质环境修补,转变为以综合改造、精细化治理与服务提升为重点的有机更新。首开以老山东里北社区为试点创新出"基本清单+提升清单"的有机更新方法,改造不再局限于过去"补丁式"的修修补补,而是推动清单式综合整治,同时,推出"先尝后买"与"持续更新"方案,社区改造后也可根据居民意见进行持续更新。

"首开模式"是大城市探索老旧小区等住区修缮性改造、政府与市属国企进行深度合作的典型案例。此次改造中,政府与企业充分合作,探索出一条"政企合作给政策、街道专班定方案,社区两委做推动、项目经理抓执行、区域管家精服务各层各级有反馈"的工作机制,为老旧小区综合整治与有机更新工作积累了可供借鉴的工作经验,"首开经验"也被写入北京市"十四五"规划中,鼓励国企等社会资本参与老旧小区改造工作。目前,首开集团已与北京多个行政区域达成战略合作,相继推进了65个老旧小区开展综合整治,已在老山东里北等社区产生良好的经济与社会效益,形成多方参与的良好可持续发展机制。

三、住区类有机更新模式的启示

拆除重建类的更新模式存在的关键在增量开发,开发企业或者政府将原有用地进行统一征收,统一拆除后就地改造成新住宅区。通常有两种更新推进模式:一是由政府主导,政府亲自负责制定拆赔标准和投融资工作,开发主体负责编制实施方案和具体实施。政府通过土地出让收回成本,并按照合同约定,支付企业实施成本和固定比例收益。二是政府引导和监督城市更新工作,由企业来具体负责更新的投资、规划和建设全流程,后期企业通过获得经营性面积和住区运营管理权限来平衡前期成本投入,以及获取利润收益。同时,也要求开发企业要具备紧密联系协调政府、产权人、金融机构的多主体协作能力;具备城市更新产业链条的植入与延伸的产业导入能力;并且具备公共服务设施、棚改、历史街区改造、工业设施改造等组合开发能力。

修整运营类项目是有机更新,重在减量提质,模式上是统筹资源式更新。这类更新主要以运营(有EPCO模式的趋势)方式盘活住区内的闲置或低效空间,适度增加可经营面积;提高居住环境质量,增收物业管理费用;探索政策盲区,推动有利于住区城市更新工作开展的相关政策等方式,降低更新成本,增加收益来源,达成"微利可持续"的良性运营结果。修整运营类项目最终收益来源主要是政策与资源赋能带来的经营性收益,以及EPC相关利润。

四、住区类有机更新参与方分析

两大类住区更新的参与方具有较大差异,地方政府尝试鼓励国企牵头参与城中村拆除重建的更新类项目,如广州市住房和城乡建设局提出了《关于审议鼓励功能性国企参与城市更新改造项目有关工作的请示》(以下简称《请示》),《请示》中强调要鼓励市、区功能性国企参与城市更新改造项目。国企参与旧村改造主要有几方面的优势,一是有利于全市统筹,形成全市更新工作"一盘棋";二是有利于科学有序,有效调控改造节奏;三是有利于市、区协同,充分发挥市、区属国企优势,有力支撑旧村改造工作顺利实施;四是有利于做大做强功能性国企,支持重大基础设施建设。目前,这类的代表企业有广州市城投集团、广州机场建设投资集团等。

参与模式在投资和开发环节上，主要由市城投集团独资或与区属国有企业合资成立负责各区的城市更新公司，针对具体项目，可由负责各区的城市更新公司成立全资旧村改造项目子公司，鼓励负责各区的城市更新公司积极参与本区项目的前期策划和一级开发，在二级开发阶段根据项目实际情况，可通过股权转让等方式引入其他社会企业（含其他市属国企）。对于各区已经按程序明确合作企业的项目，鼓励城市更新公司通过投资入股的方式参与项目后期开发，对于其他市属国企正在实施的旧城、旧村改造项目，鼓励市城投集团通过入股方式参与项目建设。在施工建设环节，由于拆除重建类与一般增量的住区开发无本质区别，在这一环节的企业基本由现有的建筑施工企业直接参与，如北京城建集团等。在运营管理阶段，国内的地产运营类企业数量庞大，地产龙头均具备住区拆除重建类房地产运营管理能力，如碧桂园、中国恒大、万科、佳兆业、华润置地等。其中碧桂园旗下的碧桂园生活服务集团股份有限公司位列2021年中国物业服务百强企业名单第一名，恒大集团旗下的恒大物业位列第二名。

修整运营类的老旧小区改造项目，逐渐由政府全部投资的模式向市场参与投资模式过渡，典型更新模式包括以愿景集团为代表的"劲松模式"和以首开集团为代表的"首开模式"，以"EPCO"的设计、采购、施工、运营全产业链一揽子承包的方式为特色，通过精细化更新与运营，推动更新项目有序实施。这类企业多为轻资产运营商，需要有盈利空间的挖掘能力、良好的方案策划能力、低成本高质量的施工能力、高效精细化的运营管理能力，以及能与政府充分沟通协商的能力。目前，这类项目的市场参与方有向国企主导、社会多方积极参与模式过渡的趋势，例如首开集团。另外，部分传统房地产企业也在积极探索老旧小区的创新更新模式，如华润集团以数字化手段，搭建智能物业服务管理平台，通过收集整合和共享小区人员、车辆、安防、防疫、群众诉求等信息，探索出统筹、高效、便民的物业管理和基层治理的平台服务新模式。

第五章

商办类有机更新案例分析与模式研究

商办类有机更新是指在当下以存量开发为主导的城市发展中，对存量商业、办公等商办用地进行合理改造再利用，挖掘并激发其潜在的价值属性，通过更新使其在当下的城市发展中重新焕发生命力。商办类有机更新主要可分为商业类更新和写字楼更新，商业、办公写字楼作为大宗资产，具有投资的经济效益，因此，在目前城市更新类型中，商办类有机更新具有众多的市场化主体参与。

一、商业类有机更新

在存量时代，改造更新是保持商业楼宇生命力的重要手段。根据商业规模和功能，将商业更新分为商业购物中心类、社区商业类和商业综合体三大类，选取三个类别的典型案例北京大悦春风里、上海TX淮海、上海国和1000、纽约哈德逊广场展开研究和论述。

1.商业购物中心类——以大悦春风里为例

大悦春风里项目地处大兴核心区域的传统商圈，该项目从老旧的百货商场更新到购物中心。新项目定位"还原生活的社交本质"，客户定位25~45岁的城市中产阶层。为此引进300多个国内外的一线品牌，其中，有100个全国与区域的首进品牌及特色定制店铺。其最大的特色是探索出商业城市更新改造运营与融资能力结合的模式，是典型的自开发型向资源管理型的转型，实现了物业的产权和经营权的相对分离，既优化了企业的负债表，降低了负债率，也保持了项目的操盘运作周期的稳健发展。其项目的核心竞争力在于嫁接合作伙伴专业的资产运营管理能力，以及前后端的资本运作能力。在开发与投融资模式上，高和资本与大悦城地产成立母基金及订立项目基金框架协议。母基金规模达50亿人民币,双方各出资25亿元,将通过项目基金寻找位于中国境内具有挖潜价值的商业、写字楼等潜在的项目收购机会。2018年12月7日,高和大悦城并购基金正式完成对火神庙国际商业中心的收购。在此商业更新改造项目中,高和资本负责投资融资,中期改造工程和成本的管控,以及后期的资产证券化的退出工作;中粮集团负责商业更新设计以及招商运营的工作,见表5.1。

北京大悦春风里基本情况　　　　　　　　　表5.1

类别	商办类城市更新—商业购物中心更新
项目名称	北京大悦春风里
参与主体	市场主导
	投资方:高和资本(50%)、中粮集团(50%)
	运营方:中粮集团
更新策略	对资产进行更新改造,引入中粮大悦春风里的品牌和招商运营的资源,提高项目的价值和品质
投资与收益模式	高和资本负责投资融资,中期的改造工程以及成本的管控,后期的资产证券化的退出工作,项目资金回报率预计可达15%
价值创造	经济效益:增加运营收益,盘活存量资产
	社会效益:改善了城市风貌,形成地区商业中心,增强了地区吸引力
类似案例	上海TX淮海项目、上海梦中心

①项目参与主体:北京大悦春风里为市场主导模式,大悦城控股与高和资本合作成立50亿人民币规模的母基金及项目基金,双方各出资25亿元,寻找具有更新价值的商业、写字楼进行收购改造。其中,北京大悦春风里项目即为城市更新基金投资的第一个项目,运营方为中粮集团。

②更新策略：对资产进行更新改造，引入中粮大悦春风里的品牌和招商运营的资源，提高项目的价值和品质。项目为典型的开发型向资管型的一个转型，实现了物业的产权和经营权的相对分离，优化了企业的负债表，降低了负债率，保持了项目的操盘运作周期的稳健发展。

从空间改造上来看，坚持"场所创造（Place Making）"的设计理念，结合该区域高频日常生活需求，以餐饮、休闲、娱乐、社交、家庭、亲子等生活类业态和零售类业态为主，在满足消费者逐渐升级的物质和精神需求的前提下，从"城市更新、塑造文化、复兴城区商业"等多维度，对火神庙商业中心进行改造，打造出一个真正贴近生活的时尚生活中心，更新前后对比详见图5.1。该项目主要是拆除楼板2.1万m²，增建新楼板1.3万m²，基础的加固接近2万m²，拆除134根原有的结构柱，新增剪力墙柱356处，从地下一层打通到7层，开结构板洞近8000m²，实现空间与商业更新功能之间的匹配。

③投资收益模式：高和资本负责投资融资，中期的改造工程以及成本的管控，后期的资产证券化的退出工作，项目资金回报率预计可达15%。

④价值创造：改善了大兴地区周边的城市风貌，形成该地区

图5.1 大悦春风里更新前后

图片来源：尹湘婕 摄

商业中心，增强了地区吸引力。大兴大悦春风里在保留大兴区人情味和烟火气的基础上，通过定制深耕业态、建筑环境焕新、创意独特营销、生活方式蕴化，紧贴区域消费需求的同时提高级次和丰富度。通过室外场景的室内化，激活区域消费者，带动城市发展。大兴大悦春风里的进驻对于黄村原本的商业中心有环境氛围提升的作用，对原有的商业中心进行了较大的升级。

2.商业购物中心类——以上海百联TX淮海为例

上海百联TX淮海——年轻力中心是一个创新体验零售与沉浸艺术融合的智能空间，坐落于百年街区上海淮海路。TX淮海项目楼的前身是华亭伊势丹，也曾是上海新潮时髦的一大象征，但在2008年，华亭伊势丹因为租金过高的原因遗憾退出市场。自2008—2018年均未能有成功更新改造方激活此场地。2018年由百联集团、锦江集团与盈展集团三方共同打造，将老旧楼宇更新升级为新型商业空间。作为国内首个"策展型零售"商业空间，上海百联TX淮海结合沉浸艺术体验、策展型零售品牌和社群连接平台，为新消费社群创造一个传递多元文化与年轻生活方式的空间，为大众构建一个崭新的年轻力文化地标，见表5.2。

①项目参与主体：牵头方为上海黄浦区政府，产权方是上海百联集团、上海锦江集团，投资方与运营方为URF盈展集团。

②更新策略：TX淮海项目体量2.5万m²，以"Digital数字化、Oasis绿洲、Urban都市、X（Collaboration）跨界"为核心元素，聚集当代艺术、潮流文化、美食社交，定位为感受多元生活方式的体验地，改造前后对比详见图5.2。对资产实施改造焕活，以全新的商业经营手法"策展型零售"逻辑引领年轻人的消费平台，

上海百联TX淮海基本情况　　　　　　　　表5.2

类别	
项目名称	上海百联 TX 淮海
参与主体	主导方：上海黄浦区政府
	产权方：上海百联集团、上海锦江集团
	投资方、运营方：URF 盈展集团
更新策略	对资产实施改造焕活，以全新的商业经营手法"策展型零售"逻辑引领年轻力的消费平台
投资与收益模式	以策展为主导的经营模式，获取商用资产流量红利，形成多元收益模型，即：租金＋策展
价值创造	经济效益：突破传统租赁的单一收益模式
	社会效益：通过打造国内首个引领年轻力消费典范，引领国内年轻消费趋势
类似案例	上海梦中心

类别栏第一行：商办类城市更新—商业购物中心更新

图5.2　上海百联TX淮海改造前VS改造后

改造前图片来源：http://sh.sohu.com/20101105/n277172305.shtml
改造后图片来源：刘磊　摄

实现让年轻人重回淮海中路的战略目标。并通过举办艺术展览、快闪活动、品牌等活动为主；主题活动、派对、节日活动、公益活动为辅带动人流集聚，产生活动效益。

③投资收益模式：以策展为主导的经营模式，获取商用资产流量红利，形成多元收益模型，即：租金+策展（推广广告、活动策划方案与执行费等）。

④价值创造：通过打造国内首个引领年轻力消费典范，引领国内年轻消费趋势，突破传统租赁的单一收益模式。"策展型商业"为年轻的业态、年轻的品牌、年轻的商业模式提供一个新的探索和尝试的落地渠道。同时，公共空间的设计配合本土"夜经济"文化，将淮海路沿街商业面积改变为适合年轻人社群交往的外摆空间，活化街道空间。

3.社区商业类——以上海国和1000为例

社区商业是城市经济的毛细脉络，也是居民日常生活服务配套的必然需求。自从上海及全国各地开始推行"15分钟社区生活圈"以来，不但加速了社区商业的更新，更以便民、开放、共享为特征，逐步落实于居民的日常生活中。国和1000位于上海市杨浦区国和路1000号，是典型的一线城市核心老城区存量商业更新项目，是首个被评为"全国标准化社区商业中心示范项目"。项目位于国和路和世界路交界处，前身为传统商超吉买盛，因建筑物业条件和功能无法匹配新商业消费的需求，导致在商超退出后该项目空置，成为闲置资产，改造前详见图5.3。项目总建筑面积为16700m²，地上面积约为13000m²，项目地上主体3层，4层为夹层，地下1层停车。项目1.5km之内有近50个小区，覆盖居民近30万，人口密集，居民日常商业需求旺盛，见图5.4、图5.5、表5.3。

城市有机更新的实践模式

图5.3　国和1000改造前

图片来源：国和1000公众号

图5.4　国和1000改造后

图片来源：官方宣传图

整体业态分布

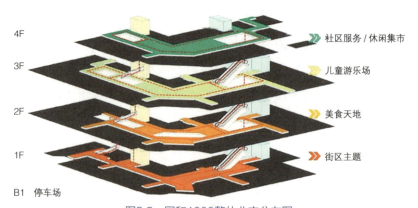

图5.5　国和1000整体业态分布图

图片来源：http://www.360doc.com/content/19/0814/13/52890644_854796283.shtml

国和1000基本情况　　　　　　　　　表5.3

类别	商办类城市更新—社区商业更新
项目名称	上海国和1000
参与主体	市场主导
	投资方：杨浦商贸集团
	运营方：杨浦商贸集团
更新策略	对资产进行更新改造，甄选引入合作改造方与设计伙伴，提高项目的价值和品质
投资与收益模式	产权方杨浦商贸集团作为主要出资人，改造后主要赚取租金收入
价值创造	经济效益：盘活存量资产，增加租金运营收入
	社会效益：聚焦街区生活体验，公共空间与社区商业重要性凸显
类似案例	勤海社区商业中心

①项目参与主体：该项目属于业主自行更新，由产权自持人杨浦商贸集团自持、更新、运营；合作改造方——委托瑞商联城进行招商运营管理，委托加合建筑进行建筑与室内的一体化设计。

②更新策略：总建筑面积16700m^2，自2016年中开始盘活该存量商业项目，2018年5月项目开业。更新理念是聚焦街区生活体验，注重空间定位；通过市场化比选运营商，设置目标激励机制，充分发挥专业团队的运营管理优势。

杨浦商贸集团遴选3家市场机构进行竞争性谈判，要求提交运营方案，选择最合适的1家运营商进行商务谈判。重点考核内容：租金收入。杨浦商贸集团每年要求的租金收入需要达到1350万元，比原来超市的租赁收入大概超出500万元。考核机制：如果完成考核目标并超过，则可以按每10万元一个台阶设置比例分成给运营团队；如果没有达到考核目标，则由运营团队现金补足。商户入驻：商户直接和业主方杨浦商贸集团签订合同。一是保障租金收入，根据居民消费习惯，不能太高；二是可以根据不同业态选择租赁或者销售分成的合作方式，彻底改变原来的整体出租模式，杜绝'二房东'的存在，掌握主导权。人才储备：杨浦商贸集团还派驻团队全程参与项目管理，学习先进的社区商业运营理念与方法，为以后的项目做好人才储备。

③投资收益模式：在开发和投融资模式上，产权方杨浦商贸集团作为主要出资人，改造后主要赚取租金收入。杨浦商贸集团每年要求的租金收入需要达到1350万元，比原来超市的租赁收入大概超出500万元。

④价值创造：聚焦街区生活体验，注重空间定位。杨浦商贸集团经过深入调研周边居民的收入、户数、职业、年龄等因素，提出了以重塑街区生活体验，创造宜人的街巷空间和生活空间为出发点，打造有温度的社区邻里中心，定位"家的延伸"。

市场化比选运营商，发挥专业运营机构优势。通过市场化比选，引入专业的运营机构，设定有利于调动双方积极性的购买服务合同，充分发挥专业运营机构在招商、营运方面的优势。

4.商业综合体更新——以纽约哈德逊广场为例

哈德逊广场，本意为哈德逊调车场，是纽约曼哈顿中城西区的一片集中了铁路调车场、制造业企业、停车场、汽车修理店以及空置地块的连片区域，项目范围详见图5.6，是纽约截至21世纪初，唯一一块成片的未大规模开发的区域。纽约市面临持续扩张的人口以及由此带来的办公空间的需求，同时，以地产税和所得税为主要税源的纽约需要在曼哈顿建设具有吸引力的、能与市外办公商业空间抗衡的高品质空间，以维持人气、保障财政收入，

第五章　商办类有机更新案例分析与模式研究

图5.6　哈德逊广场项目范围

图片来源：2021年谷歌卫星图

因此，哈迪逊广场被列入更新改造计划。项目因占据哈德逊广场大部，因而名称直接与其相同。作为目前全世界最新、总投资最大的城市更新项目，哈德逊广场代表着城市更新在投资融资、规划设计、组织实施、工程建设等领域世界范围内的顶尖水平，是纽约目前正在进行的最重要的建设项目，核心信息梳理详见表5.4。

项目从2001年至2002年6月，市规划部门与经济发展公司开展了一系列调研论证和规划方案征集，并于2005年通过了再区划（纽约市行政层面上的批准）。经顶尖开发商竞标角逐，由美国最大私人房地产开发商瑞联集团获得开发权，成为美国历史上最大的私人房地产开发项目。项目2012年动工，2019年3月项目一期完工，四座商办大厦开始正式运营。目前，项目整体仍在更新开发中，

哈德逊广场核心信息梳理　　　　　　　　　　表5.4

类别	商办类城市更新—商业综合体更新
项目名称	纽约哈德逊广场
参与主体	市场主导
	投资方：瑞联集团（The Related Companies），是美国最大房地产商之一
更新策略	遵循公共交通为导向的TOD城市开发模式，实现城市结构的整体优化
投资与收益模式	投资250亿美元，项目预计2024年完成建设
价值创造	经济效益：哈德逊广场重建项目为纽约市带来了巨大的经济福利。在建设期间已经为该市的GDP贡献了超过100亿美元，并成为纽约大都会运输局（The Metropolitan Transportation Authority）的重要收入来源
	社会效益：引领纽约城市更新新范式、纽约新增地标。极大扩展区域的公共空间，改善居住、办公及活动环境，并有效拓展区域的公共交通。可以有效连接周边的切尔西和克林顿地区，提高曼哈顿及纽约的国际地位，增加竞争力和影响力
类似案例	上海梦中心

预计未来更新完成的商业综合体主要包括：2154套出租公寓（20%为可负担性住房）、2619套出售公寓、51万m²办公空间、70.3万m²商业空间、1.9万m²艺术空间。哈德逊广场项目范围详见图5.6，哈德逊广场新地标建筑详见图5.7，哈德逊广场商办项目结构图详见图5.8。

①项目参与主体：瑞联集团，曾打造过时代华纳中心，纽约派拉蒙大厦，旧金山都市广场等经典城市综合体。

②更新策略：项目遵循公共交通为导向的TOD城市开发模式。与传统项目相比，TOD（以公共交通为导向的开发）项目更注重城市的"参与性"，把注意力集中在建立集工作、商业、文化、教育、居住为一体的城区，实现城市结构的整体优化。项目以公共交通为

第五章　商办类有机更新案例分析与模式研究

图5.7　哈德逊广场新地标建筑The Vessel

图片来源：李瑞　摄

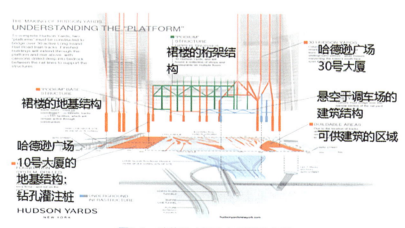

图5.8　哈德逊广场商办项目结构图

图片来源：官方宣传图

导向的发展战略，极大地加强了纽约大都市地区的通勤可达性，并再以"弹性"的再区划对于土地、建筑和公共空间合理管控，通过前期合理的更新规划，打造集多功能为一体的商业综合体。由于项目的接近一半（图5.8橙色部分）需要在铁路线正上方建成，因而，创造性地采用了将建筑建在跨越铁路的平台上的做法，体现了项目城市更新的本质特点，项目结构详见图5.8。是目前仍在运营铁路线上进行城市更新的典范案例。

③投资收益模式：项目总投资250亿美元，瑞联集团主要靠项目资产本身增值和租金收入赚取收益，在项目未完全建设完毕之前无法达到收支平衡。建设期间，已经为纽约市的GDP贡献了超过100亿美元，并成为纽约大都会运输局的重要收入来源。建设完成后，每年将为纽约市的国内生产总值贡献近190亿美元，每年近10亿美元的州税和城市税。

④价值创造：纽约采取多项促进城市发展的战略举措：地租财政——纽约财政严重依赖地产税和所得税，需重振市中心曼哈顿岛的税收深度和广度；吸引力——曼哈顿面临如新泽西等周边城市较低租金的竞争压力，需要重新打造品质取胜的空间，重振对人口、企业、租金的吸引力；提升整体品质——意图以此项目撬动纽约周边整体区域质量，以顶级商办、消费空间吸引重量级企业入驻，同时，提供举办各类大型商务活动的物理空间。

该项目将极大扩展区域的公共空间，改善居住、办公及活动环境，并有效拓展区域的公共交通。此外，可以有效连接周边的切尔西和克林顿地区，将产生大量的高品质办公需求及商务活动。未来将吸引更多重量级公司总部入驻、大型商务活动的举办，提高曼哈顿及纽约的国际地位，增加竞争力和影响力。

二、办公类有机更新

商办类有机更新的第二个细分是写字楼更新,写字楼更新与商业类更新土地性质相近,在更新中经常根据区域需求而互相转化。资本参与办公类有机更新的盈利方式主要通过购入有待更新的办公楼宇,通过改造进行增值,后续退出而获得收益。例如,基汇资本的盈科中心改造、新街高和更新、黑石集团上海怡丰城项目等。

1.商改办更新——北京新街高和为例

新街高和项目前身是北京市二环里新街口区域的老牌商业星街坊购物中心,改造前详见图5.9。物业面积约2.8万m^2,虽然地处北京核心区域,但是平均租金仅为3.5元/m^2,低于周边项目平均水平,是典型的低效楼宇。通过探索实践"低效资产高效利用"的市场化运作模式,从小商品社区购物中心更新改造为复合型创新精品办公综合体,为北京"疏解整治促提升"树立了城市更新的新样板,显著提升北京城市核心区域形象。项目信息梳理详见表5.5,改造前后对比图详见图5.9、图5.10。

新街高和项目信息梳理　　　　表5.5

类别	商办类城市更新—写字楼更新
项目名称	北京新街高和项目
参与主体	市场、高和资本
更新策略	依托项目的区位优势以及城市核心区的城市功能规划与业态导则,升级写字楼整体定位,引入专业运营方
投资与收益模式	对收购和持有的产权进行更新,改造增值,更新后主要依靠租金提升持续运营,后续可通过资产证券化退出
价值创造	创新写字楼服务实现产业提升,带来经济增长、环境改善和城市品质提升
类似案例	盈科中心改造、上海怡丰城改造

图5.9 新街高和改造前

图片来源：https://www.sohu.com/a/328961607_765121

图5.10 新街高和改造后

图片来源：张婉君 摄

①项目参与主体：市场主导模式，高和资本主导改造与运营。

②更新策略：为确保改造期间入驻企业的正常运营，新街高和采取局部改造、持续更新的方式。2015年10月开始一期改造，聚焦建筑外幕墙及2~5层办公区域室内品质提升。2016年11月进行二期改造，对B1~1层商业空间以及B2~B3停车场进行室内环境优化。2017年开始进行内容提升，引入Hiwork新办公专业资管运营体系，全面升级楼宇办公创新服务，并持续迭代升级。2018年年底，陆续启动对项目屋顶花园以及建筑内外局部的针对性提升，持续优化楼宇产品细节与配套服务。项目改造期间，商业办公、改造工程、招商工作同步进行，互不影响，原有优质租户第一证券、第一期货、

北外青少等均正常办公。

同时,作为中关村和金融街辐射相交的产业交叉区,高和资本依托项目的区位优势以及北京核心区的城市功能规划与业态导则,升级新街高和整体定位,引入了写字楼服务品牌——Hiwork,开展了共享大堂、共享会议室、联合办公、精装办公服务、社群活动等创新写字楼服务,改造后详见图5.10,提升了写字楼品质,吸引金融和科技类优质企业进驻,实现产业升级。

③投资收益模式:2015年1月,高和资本购入新加坡星狮集团旗下位于北京北二环内的星街坊项目,购入价超过10亿元。高和资本通过购入城市核心地段商业物业后,改造升级提升物业整体品质,可以使资产整体升值并从中获利。目前,主要依靠租金提升持续运营,租金由原来的3.5元/天/m^{2}升至8~10元/天/m^2,通过大幅提高租金水平与出租效率最终实现资产价值的提升。后续可通过资产证券化退出或卖出资产获取地产溢价收益。

④价值创造:为实现写字楼商业价值最大化,写字楼一层全部为有效的沿街商业,企业可通过办公门厅的自动扶梯进入办公的主门厅,在写字楼商业价值达到最大化的同时,实现了办公和商业有效的区分和连接。同时,在进行外立面改造的过程中,除了增加办公所需采光,还创造具有标识性的商务风格,以满足企业办公需求。

创新写字楼服务实现产业提升,作为中关村和金融街辐射相交的产业交叉区,高和资本依托项目的区位优势以及北京核心区的城市功能规划与业态导则,升级新街高和整体定位,引入了写字楼服务品牌——Hiwork,开展了共享大堂、共享会议室、联合办公、精装办公服务、社群活动等创新写字楼服务,致力于以低成本、高效率的办公空间解决方案助力企业的发展,为企业提供价值创新的场景和服务内容,并为入驻者构建价值增值与长效办公的价值生态。提升了写字楼品质,吸引金融和科技类优质企业进驻,实现产业升级。

2.办公区域整体更新——以日本大手町地区为例

日本大手町地区位于东京的经济中心地,自1986年执行都市再生计划以来,面对高密度的挑战,以及更新过程必须保障众多企业正常运营等一系列问题,创造性地提出了"连锁型"都市再生策略,并通过UR第三方机构,以及运用种子基地的置换手法,循序渐进地推动了整个区域40hm²范围内的老旧建筑全部活化,大手町地区改造过程示意详见图5.11,改造后效果详见图5.12,项目核心信息梳理详见表5.6。

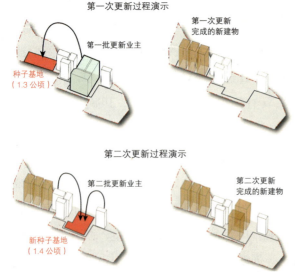

图5.11 大手町地区改造过程示意图

图片来源:https://www.sohu.com/a/123306688_556721

①项目参与主体：政府主导，并由中央政府和地方政府在2004年共同成立都市再生机构UR作为实施主体。

②更新策略：2003年1月，日本都市再生本部提出了"活化国有土地作为都市开发据点"的政策，明确指定大手町中央合署办公厅原有公务单位搬迁到埼玉县，腾出了面积1.3hm²的土地公开标售，以配合民间企业进行大手町老旧地区的更新。

图5.12　大手町地区改造后

图片来源：文献资料

2012年，第二批业主成功完成置换。时至今日，连锁更新的进程仍在继续，这种模式创新已经被证实为可持续的成功范式。

首先，推进会议商请独立行政法人"UR都市机构"（2004年成立的都市再生机构，由中央政府和地方政府共同成立）参与更新计

大手町地区项目核心信息梳理　　　　表5.6

类别	商办类城市更新—办公区域整体更新
项目名称	大手町地区
参与主体	政府主导、都市再生机构（UR）
更新策略	既不能停止其现有的功能，又必须实现城市重建及提高城市功能，采用"连锁型"都市再生策略
投资与收益模式	通过更新第一栋办公楼宇带来的增值收益撬动后续写字楼宇的更新改造，并持续享有租金收入
价值创造	创新写字楼服务实现产业提升，带来经济增长、环境改善和城市品质提升
类似案例	暂无

划，执行土地重划及整个协调工作，由"UR都市机构"出面买下该1.3hm²国有地，其中，三分之二地权转售给出资者并设立"大手町开发公司"。该公司由公开招募的大手町地区土地所有权人参与，与"UR都市机构"共同持有，作为种子基地，并负责担任实施者。

实际的更新过程中，原大手町合署厅舍1馆、2馆国有地周边共有17栋大楼有意愿参与更新。第一批更新业主以换地模式，将自己的建筑物与"UR都市机构"买下的合署厅舍1馆、2馆为种子基地进行地权交换，即可拆除合署厅舍，展开新大楼兴建工程。施工期间，因第一批更新业主已交换取得地权，但仍借用原建筑继续营运，须支付租金给种子基地所有权人。

2009年4月，中央合署办公厅舍旧址上的新建筑完工，第一批申请更新业主共同进驻新大楼，搬迁后三栋旧大楼土地变成了第一次更新完成后所产生的"新种子基地"，隶属于原种子基地所有权人。

第二次更新工程于2012年完工，第二批更新申请业主完成搬迁后，再以同样的换地方式推动大手町重划地区的更新。

这种以种子基地为引擎推动的"连锁型"改造方式，依托日本灵活的规划层面和多样化的制度体系，具备小规模改造项目的局部拓展到工程整体的工程层面条件，并且拥有中立公正的UR都市机构、地方政府和民间开发商（企业）达成的"合作伙伴关系"（partnership）的有力保障，以及该多元主体对改造更新项目的长期支持，通过微循环、渐进式的方式改善城市空间环境的同时，保持了城市的空间格局。

③投资收益模式：收益方面UR都市机构通过更新第一栋办公楼宇带来的增值收益撬动后续写字楼的更新改造，盈利主要依靠持

续享有租金提升的收入，同时，写字楼宇的更新也对资产进行了升值。

在资金筹措方面，为了筹措都市更新开发所需的庞大资金，日本政府开放不动产金融商品，在制度上可由民间企业成立"特殊目的公司"（SPC：Special Purpose Company），对外发行不动产证券，甚至上市，让一般民众认购。对投资的民间企业来说，将土地权利切割证券化，一方面可筹措大规模的开发资金，降低风险；另一方面开放大众共同持有资产，由民间企业担任管理租赁的角色，可长期保有土地，完整规划经营。

④价值创造：建构广域资源循环的都市，建构21世纪的商业办公区域更新范例；建构都市据点，运用大规模低度使用土地，开发都市据点，妥善更新老旧写字楼宇，创造舒适办公环境；建构现代化的都市据点，最终将促使再生计划区域内的老旧建筑循序渐进地新陈代谢，蜕变成符合现代需求的国际商业据点。

三、商办类有机更新模式的启示

大部分商办类有机更新项目主要分为"三步走"。第一步"买入"，聚焦一线及核心二线城市具备改造潜力的商办写字楼或者存量房。第二步"修复"，自持运营不仅对投资方的资金、持有能力提出考验，更对包括商业定位、业态配比、品牌搭配、环境设置等方方面面能力的专业性、计划性提出了严格的要求。第三步也是最为重要的一步，通过出售、股权/协议转让或境内外REITs等形式退出，赚取资产升值部分的利润。

对商办类有机更新项目案例详细研究后发现，此类项目适合在城市核心区或中心城区开展，具有整体投资高、社会效益高、综合经济效益潜力大的特点，且商业更新改造一般产权单位结构简单，开发主体只要收购原业主产权、配合政府政策执行即可。但整体更新持续时间长，更新项目的投资从开始跟进到退出，以高和资本最长的项目为例：跟进五年时间、完成收购到改造两年、退出需要另外的两年。商业、办公资产长期持有更新变现能力较差，对资本介入的资本能力有一定的要求，但可获得持久稳定的租金收入，可赚取运营与租金收益，后续通过资产证券化退出。

四、商办类有机更新参与方分析

商办类城市市场化参与方可分为原产权所有企业与收购项目后的运营改造企业。主要为金融、投资机构，也有联合具有运营经验的开发商共同参与改造。金融与投资机构主要有基汇资本、高和资本、黑石集团、丰树集团、KKR集团等。

（1）商业资管企业通过购买售出方式实现资产升值。企业通过购买区位优良的有待进行更新的写字楼，合理地改造升级，可实现高额的投资回报。如基汇资本是一家具有独特定位的私募基金管理公司，专长于透过重新设计及重新定位，令未能充分发挥商机的商业地产项目实现战略增值。基汇资本在包括香港在内的大中华地区拥有超过13年的商业地产投资和项目改造经验。2014年，基汇资本以约58亿人民币收购李嘉诚的盈科中心，面积达17万m^2。修葺一新的综合体商业项目北京盈科中心包括一个零售裙楼及其上两座办公楼和两幢服务式公寓，是国内较早实现商改办的案例。2018年，链家以100亿元左右的价格买下盈科中心，基汇资本顺利实现退出，价格暴增72%。黑石集团也在商业地产投资上奉行"买入、更新、卖出"的策略，为了能够迅速修复资产，黑石集团通常会在各个区域市场的细分物业领域以并购或挖角的方式，组建一个管理经验丰富的本地团队，整合到统一的投资管理平台上，从而达到在短时间内实现管理改善和品牌扩张的目的。

（2）在商业更新方面，主要参与的资源方有内资商业地产开发商，如华润置地、中粮大悦城、绿地集团等，此类企业很多都具备央企背景，在政府资源与融资能力方面都具有一定优势，品牌影响力较强，且具备多业务板块的运营能力；外资商业地产开发商，如新鸿基集团、嘉里集团、凯德集团、崇邦集团等，此类企业擅长商业的精细化规划和长期运营，融资成本较低，通过对销售与持有类型产品的有效组合、对开发顺序和周期合理控制等方式，兼顾资金的长短期效益和良性循环，有效地解决变现和运营的矛盾；以传统住宅业务为主的开发商，如万科、龙湖、世茂等，在社区商业领域，很多住宅房企逐渐形成了成熟而细化的产品线，借助自身强大的住宅开发能力快速复制和扩张。

第六章 工业类有机更新案例分析与模式研究

城市有机更新的实践模式

工业类有机更新项目是顺应城市与经济发展的新要求，对存量的工业用地、老旧厂房建筑进行适应性改造并再次利用，挖掘存量工业空间中潜在的土地价值、资产价值、文化价值等属性，进行二次开发，以适应当前城市发展需要，使得逐渐衰败落后的工业空间重新激活，焕发出新的生命力。

一、工业遗产保护类有机更新

工业遗产保护类有机更新是探索老工业城市转型发展的新路径，意在以文化振兴带动老工业城市全方位振兴，主要的发展方向是创意艺术园区、旅游景点和主题博物馆。相比于其他工业类更新方式，工业遗产保护对于城市空间结构的改动最小，环境影响最低，承载了更多的历史记忆，尤其适用于工业城市和历史街区的更新。

1.国际探索——以美国卡丽6号、7号高炉遗址更新为例

卡丽高炉（Carrie Furnace）位于美国宾夕法尼亚州匹兹堡市，厂区始建于1881年，匹兹堡素有"钢铁城"之称。随着美国制造业对外转移，相当一部分工业生产空间面临更新，改造前外部和内部详见图6.1、图6.2。出于保留工业建设历史与发展记忆的需要，美国对具有一定价值的工业构筑物进行了认定。2006年厂区内的6号、7号高炉遗址被评为美国历史地标。1988年美国公园公司对该地区实施了更新计划，对工厂建筑进行拆除，仅保留6号、7号高炉及其附属的堆场发动机房、仓库等建筑。在更新以前，工业厂区内及其周边社区的居民收入较低，属于经济最困难的地区。通过将旧

工业区与传统社区、滨河岸线等区域共建开发，对交通进行改善，以达到区域复兴的目的。

改造前：

图6.1 外部视图

图6.2 内部视图

改造前图片来源：https://www.howardgrill.com/the-carrie-furnace

①项目参与主体：卡丽高炉遗址区包含多元开发主体，政府拨付专项资金参与工业遗产保护，遗产文化价值的挖掘与运营则以企业为主。工业遗产文化价值的运维以6号和7号高炉为核心（图6.3），更新成为新型工业互动博物馆，其余区域改造重建为住房、酒店、会议中心和交通中心等多类混合用途的城市功能。在对工业遗产更新后的项目运营阶段，以"日常体验型旅游"+"特殊节庆等重大事件活动"为主（图6.4），着力带动周边地区经济增长，打造为地区对外展示的核心平台。

改造后:

图6.3　高炉遗址外景

图6.4　艺术装置场地

改造后图片来源: https://riversofsteel.com/attractions/carrie-furnaces/

②更新策略:一是借助遗址历史文化资源先行推动游览、体验型旅游项目。卡丽高炉(Carrie Furnace)遗址区每年5月~10月对外开放游览,成功带动本地区的旅游产业。同时,厂区内还重点发展与钢铁工业文化相关的艺术功能,如每月举办一次的、邀请不同类型的摄影师和涂鸦艺术家参与的"Carrie欢乐时光"活动;以展示铁水是如何变成钢铁,并讲述以钢铁工业故事为主题的"燃烧节"。卡丽高炉(Carrie Furnace)遗址区已经逐渐成为匹兹堡城市的文化名片。二是政企联动,由政府专项投入工业遗产保护,企业参与遗产文化价值挖掘与运营。卡丽高炉遗址区涉及多个市镇,自治市镇成立了卡丽高炉(Carrie Furnace)指导委员会,参与部门包含政府、企业等多元主体。遗址所在的阿勒格尼县将该项目物业的管理权和控制权交给了阿勒格尼县重建局(RAAC),属于保护和开发这一工业遗产的主要负责机构和管理方。RAAC也会将部分具体的建设、执行、评估等工作外包给其他社会公司。钢铁之河遗产公司负责整个工业区域保护开发的实施工作,其参与能够更好地协调整体区域的保护和开发。

③投资收益模式:项目在资金管理上,探索多种融资方式,不断发展多样化和可靠的资金来源,维护稳定长久的资金来源关系。投资成本为3亿~4亿美元,投融资模式为政府大规模投入工业遗产保护+遗产文化价值挖掘+遗产运营。

2.我国实践——以首钢工业遗址更新为例

首钢始建于1919年,作为北京重工业制造业的代表,参与和见证了中国钢铁工业的历史跨越。随着北京提出减量发展,疏解非首都功能等要求,2010年年底,首钢老工业区已经全部停产,2013年成为首批国家老工业区搬迁改造试点,见图6.5、图6.6。首钢主厂区占地面积约780hm^2，其中，首钢权属用地653hm^2，计划更新成为新首钢高端产业综合服务区（简称首钢园区）总面积8.63km^2，分为北区、南区、东南区共三个区域。在减量发展的背景下，新首钢通过体验和文化认同不断进行城市功能和社会属性的延伸，成为创造城市活力的一种方式，见图6.7、表6.1。

改造前：

图6.5　首钢旧厂外景

图6.6　首钢旧厂内景

第六章 工业类有机更新案例分析与模式研究

图6.7 首钢改造进行中

代表案例——首钢工业遗址项目核心信息梳理　　　表6.1

类别	工业类城市更新—工业遗产保护
项目名称	首钢工业遗址
参与主体	政府与首钢集团
更新策略	以冬奥为契机，迎接转型发展窗口期；以工业遗址为特色，新首钢将融入体育、科技和社交功能；以"铮铮铁骨"容纳柔性城市功能，呈现独一无二的文化符号和标识。在土地收益使用上，采取"原汤化原食"的方式，扣除依法依规计提的各专项资金外，专项用于区域内征地拆迁补偿、基础设施建设、土壤修复等
投资与收益模式	六工汇项目合资基金+房地产开发+资产出售/长期持有+Reits；目前，尚未实现盈利
价值创造	经济效益：盘活存量工业遗产，实现资产增值 社会效益：复兴城市活力，提升体验感和文化辨识度
类似案例	德国北杜伊斯堡景观公园

145

①更新策略：首钢园的更新走出一条体育与钢铁共舞的新路，借助2022年北京冬奥会等重大事件的影响，首钢作为冬奥会顶级合作伙伴的城市更新服务商，新首钢因夏奥而生、因冬奥而兴。将老旧工业遗址打造为集体育、科技和社会功能于一体的城市综合服务中心。2018年，通过两座2.5万m²的精煤车间改造的"四块冰"冬奥训练场馆已经投入使用。2022年冬奥会的首钢滑雪大跳台（图6.8）也是全球首个设立在城市工业遗址上的永久奥运场馆。新首钢的发展不仅要考虑赛后的开发利用，还要注重展示工业遗迹文化属性的开发和延续，不断提高运营效率、实现资产增值。

②投资收益模式：一是在工业构筑物利用开发开展创新实践。以位于首钢园北区的3号高炉为例（图6.9）。该建筑用地2.77hm²，建筑面积达1.79万m²，于2017年实施改造。项目实施主体为首钢集

改造后：

图6.8　首钢滑雪大跳台

图片来源：张婉君　摄

团有限公司,项目资金由实施主体自筹,利用政府专项资金支持,目标是提升空间使用效率,降低土地开发成本,将高炉改造成为二层建筑。改造后,高炉一层为商业空间,已入住书店、墨甲机器人剧场。二层为首发中心高端秀场,品牌新品首发活动在此举办,2018年成功举办汽车上市发布会。二是合资基金+房地产开发+资产出售/长期

图6.9 首钢改造完成现状
图片来源:张婉君 摄

持有+Reits,此模式的代表项目为六工汇项目。该项目牵头操盘主体为国资企业首程控股,该公司于2019年停止铁矿石贸易业务,完成向停车资产经营管理和以城市更新为导向的私募基金管理业务的转型。首程控股主要开展以城市更新为导向的私募基金管理业务,以基金的形式吸引众多的明星投资人和战略合作伙伴。同时,选择和开发运营企业铁狮门合作,通过发起成立合资基金的方式共同操盘。在项目管理端,采用房地产模式,从建设期做到成熟期之后退出。退出环节则更为灵活,比如首程控股负责的东南区项目可以整栋销售,也可以运营长期持有,通过Reits的方式实现资金回流。三是在更新开发过程中,政府专项政策支持降低土地开发成本。北京市人民政府出台支持首钢更新的专项政策,包括《关于推进首钢老工业区改造调整和建设发展的意见》(京政发〔2014〕28号)、《关于推进首钢老工业区和周边地区建设发展的实施计划》。通过成立产业投资基金,政策支持首钢吸引社会资本参与投资,扩大基金规

模，创新基金管理和运营模式，支持首钢老工业区建设发展；同时，支持首钢总公司开展资产证券化、房地产信托投资基金等金融创新业务，充分利用股权投资基金、企业债、中期票据、短期票据和项目收益性票据等融资工具，进行多种渠道融资。

二、工改工类有机更新

工改工类有机更新是指将旧工业区拆除、重建、升级成为新兴产业园。新园区融合了研发、创意、无污染生产等新兴产业功能，包括新兴产业用房、配套商业、配套公寓等多种业态，易于发挥产业集群效应。更新后的用地性质多为M类工业用地或C类公共设施用地，例如东莞松湖智谷、上海御桥软件园。

1.东莞松湖智谷

东莞松湖智谷是目前东莞最具代表性的产业转型升级基地项目，其发展基于松山湖内的园区统筹组团发展。随着深莞同城产业圈的提出与华为大型企业的搬迁入住，越来越多的企业涌入松山湖地区。该区域汇聚1000多个优质产业项目，但其周边原有的传统工业聚落难以满足新型企业的产业配套需求，于是松湖智谷产业园应运而生。东莞松湖智谷项目规划占地1800亩，用地性质仍是M类工业用地，最高容积率达4.5，便于有效连接相应的智能制造生产要求，实现园区统筹组团发展的产业发展战略，见图6.10、表6.2。

①更新策略：东莞松湖智谷项目总投资200亿元，在华为公司转移到松山湖的同时，其上下游的中小配套厂商随之集聚。截至2019年年底，入驻企业超过120家，园区一期的亩均税收也已经超

改造后:

图6.10　松湖智谷园区实拍图

图片来源: http://dgshzg.com/fc2.php?catid=13

代表案例——东莞松湖智谷项目核心信息梳理　　表6.2

类别	工业类城市更新—工改工
项目名称	东莞松湖智谷
参与主体	市场主导：高盛集团
更新策略	提高工业用地容积率＋产业地产开发＋长期运营
投资与收益模式	总投资约22.8亿元，预计年产值16.6亿元，年税收1.2亿元
价值创造	经济效益：吸引产业集聚，形成产业链状发展 社会效益：实现园区统筹组团发展的产业发展战略，助力广深科技创新走廊建设

过200万元。松湖智谷发挥龙头企业带动作用，着力建设产、城、人融合示范区。东莞松湖智谷内有11层的"摩天工厂"（后期建设12层）、20层的产业大厦以及150m的超高层办公配套（图6.11），为

图6.11　松湖智谷内的20层产业大厦

图片来源：http://www.dgshzg.com/fc2.php?m=&act=&&catid=13&pageid=1

其提供高标准的厂房条件，形成产业链招商基础，不断促进园区内目前集聚度达到70%电子信息和智能制造产业链的形成。

②投资收益模式：一是提高工业用地容积率进行产业地产开发，并进行长期运营。高盛集团在松湖智谷项目的产品设计上很有前瞻性，10年后还有潜在升级转型的空间——摩天工厂外面是玻璃幕墙，里面每一层、每300m^2都做了洗手间的管道预埋，将来完全可以改成写字楼。客户现在按照厂房价格购买未来可能的写字楼，这种可变性大大吸引潜在的客户。目前，园区分割销售到套，每层最多分成7个单元独立出证，厂房卖到8000元/m^2，办公为12000元/m^2，但这种高层厂房的成本其实并不高，合计地价、建安、财务成本等综合支出只有3000元/m^2。这不仅让开发商实现盈利，也获得政府的高度认可，树立其为标杆。二是在开发与投融资模式上，该项目整合土地资源，利用PPP模式吸引投资，开展建设。总投资引进约22.8亿元，预计年产值16.6亿元，年税收1.2亿元。目前，21家企业已投入试产运营，完成投资总额约7.9亿元。为促进土地节约集约利用，打造新的经济增长引擎，寮步镇从2009年起对该片区6个村（社区）分散的土

地进行统筹整合,投入征地款5.82亿元,征得约1500亩的连片土地。通过采用PPP模式,投入5.1亿元打造园区景观。除开发6横7纵园区交通路网外,建设2km滨水长廊生态景观带、三大市政公园。

2.上海御桥工业园

上海御桥工业园位于浦东新区北蔡镇,该项目被列入2015年上海市盘活存量工业用地计划,原土地性质为工业用途,上海陆家嘴(集团)有限公司为使用权人。区域的现状用地总面积为43.2hm^2,在控制性详细规划的基础上进行局部调整,其中,商务服务业、商务办公混合用地容积率调整为3.5,并将商办用地调整为总部研发用地(C65),其容积率从0.1~1.0上调至2.7~2.8。该区域通过区域整体改造实施存量盘活,从工业用地转为科研设计用地,功能定位转变为3D打印材料与科技、互联网+与金融产业、文化创意与娱乐等区域性购物中心,见图6.12、图6.13。

改造后:

图6.12 上海御桥工业园航拍图1

城市有机更新的实践模式

图6.13　上海御桥工业园航拍图2

图片来源：御桥科创园和浦城热电航拍 – 篱笆社区手机版
https://wap.libaclub.com/t_113_10878950_1.htm

①更新策略：一是开放式空间设计，促进创意流通。有别于传统意义上的以单一用途为主导、地区偏远而且采用围合式设计的园区设计，御桥工业园强调透明度，希望由此吸引、启发和培育人才，发挥创意构思的力量。二是园区的规划设计旨在促进信息交流，其功能配置策略套用"跨领域、跨地域"概念，鼓励思想创意的流动互通，容纳共享工作空间，并提供成果展示平台。御桥工业园中的公共空间不单是室外的公园、街道和广场，同时，也与建筑物内的活动形成互补，将室内的活力延续至室外。

②投资收益模式：开发方式上，地块采用整体转型、分期开发的方式，公益性设施先行实施。经营性用地按存量补地价的方式，经市场评估和集体决策补缴土地价款，公益性用地按划拨方式落实。园区平台持有的研发总部通用类物业中不超过50%的部分，在

明确土地利用绩效和退出机制等全生命周期管理要求的基础上，可以转让给高新技术企业。"四新"企业和生产性服务企业等，如果使用商业、商务办公、文化类用房，须在出让年期内长期持有50%以上的物业产权。

三、工改商类有机更新

工改商类有机更新是将闲置、低效的工业区改造为商业空间，满足周边居民对于购物、娱乐、文化和生活服务设施的需求，为当地经济注入新的活力。这类项目的变现能力强、利润高，是房地产企业的关注重点。

1.上海红坊

红坊创意园区位于上海市长宁新华路，处长宁、徐汇、静安三区交界地带。园区总建筑面积近5万m²，分为A、B、C三个区域。园区改建于上钢十厂原轧钢厂厂房，将厂房的高大空间、框架结构等特点与现代建筑艺术相结合。上钢十厂冷轧带钢厂房建于解放初期，是原上钢十厂仅存的比较完整的厂房，曾因创下年产冷、热轧带钢40万吨的纪录，辉煌上海钢铁行业，见图6.14、图6.15。自1989年工厂转型至今，通过保护性改造与功能重塑，将已闲置多年的厂房和所在厂区改造成为体现城市艺术活力和时代精神、延续城市历史文脉的公共文化空间。整体以上海城市雕塑艺术中心为主体，新旧空间互相结合流动，形成兼有多功能会议区、大型活动及艺术展览场馆、多功能创意场地等灵活的综合文化中心，见图6.16、图6.17、表6.3。

改造前：

图6.14　上钢十厂原貌1　　　　图6.15　上钢十厂原貌2

图片来源：上钢十厂"刚柔并济"，将再一次优雅变身！腾讯新闻
https://new.qq.com/omn/20191218/20191218A07PEX00.html?pc

改造后：

图6.16　红坊创意园区现状　　　　图6.17　红坊创意园区内艺术雕塑

图片来源：清悦空间 案例学习 红坊——原上钢十厂原轧钢厂厂房—站酷ZCOOL
https://www.zcool.com.cn/work/ZNDAzNDk2MjA=.html

代表案例——上海红坊创意园区项目核心信息梳理　　表6.3

类别	工业类城市更新——工改商
项目名称	上海红坊创意园区
参与主体	上海红坊文化发展有限公司；融侨集团
更新策略	土地价值驱动，重资产投入和地产运作
投资与收益模式	融侨集团以27.46亿元竞得上海宝钢长宁置业有限公司100%股权，成立专门公司，开展专业化的投融资业务与建设改造项目
价值创造	经济效益：实现产业园区生产增值
	社会效益：塑造更具活力、更具艺术气质的城市文创地标
类似案例	广州广南船坞

①更新策略：红坊创意园区利用老工业建筑的钢筋铁骨，将厂房的高大空间、框架结构等特点与现代建筑艺术相结合。2003年上海城市雕塑办公室落户上钢十厂，利用存量资源发展文化创意产业，以BOT模式将专业文化运营机构引入项目。更新策略主要采取土地价值驱动，重资产投入和地产运作。成立专门公司，开展专业化的投融资业务与建设改造项目。上海红坊文化发展有限公司成立至今，成功打造多个文化改造类项目，企业发展速度迅猛。公司主要从事文化地产的投资、投资管理及运营工作，拟在工业遗产改造等文化项目的基础上，汇聚其他国际专业机构，打造具有综合服务能力以及发展潜力的专业化平台。同时，上海红坊投资管理有限公司通过与海内外投资机构合作，投资保护优秀历史建筑及历史文化风貌区，参与大量保护项目，工作富有成效。2008年，上海强生集团参股红坊团队，与红坊联合，通过富有创意的策划、投资、建设与运营，结合具有艺术文化内涵的项目理念，打造集公共文化艺术展览、交流、创作、商务、休闲为一体的真正意义上的公共文化艺术社区。

②投资收益模式：政府、企业、社会三方通力合作，促进更新。政府兼顾地产价值与社会价值，关注完善城市功能，推动社会艺术文化发展，积极建立与社会专业力量合作的共建机制。放弃短期土地价值收益，从场地资源、文化资源、运营投入上予以项目支持。该项目涉及土地性质转变，商业用地出让。融侨集团以27.46亿元竞得上海宝钢长宁置业有限公司100%股权。宝钢补交14.76亿元地价款，改变用地性质为商业性质重新出让。

2.广南船坞

广船国际荔湾厂始建于1914年，历经四次扩建。2017年，百年老船坞退役并将产能转移至南沙厂,曾经见证新中国船舶工业建设发展,同时,是新中国南海舰艇的主要建造者(图6.18、图6.19)。随着广州城市规划建设发展,计划建设改造成为科技创新活动集聚区及旧厂更新示范区。目前,政府收储改造范围内用地性质主要为商办用地、住宅用地等,建筑面积约85万m²,重点通过"公开出让、收益支持"的方式进行改造。其中,自行改造范围的用地性质主要为商办用地,建筑面积约40万m²,通过"自行改造、补交地价"的方式实施。

改造前:

图6.18　广船厂历史风貌1　　　　图6.19　广船厂历史风貌2

图片来源:广州旧船厂重生记——SPARK思邦广船厂改造
https://www.sohu.com/a/360014507_167180
@广东人 再看一眼吧 功勋老船坞要拆了
http://gd.ifeng.com/a/20171102/6114084_0.shtml

投资收益模式:采取公开出让、收益支持的模式进行更新。更新项目在规划容积率3.0的范围内,将土地出让成交价款的60%补偿给原业主。由原业主自行改造范围内的旧厂房项目,土地出让金一般参照基准地价进行补交。通过推动进行商业方向改造,将历史遗存与文化、商业设施与公共绿地结合,延续广船厂历史记忆。

四、工业类有机更新模式的启示

对工业类有机更新项目案例详细研究后发现，工业更新项目往往需要对土地性质或者其使用功能，根据现有产业发展趋势进行变更或调整，改造方向多维、受政策影响大。而老工业厂区主体相对简单，一部分工业更新项目是原主体直接进行更新，企业主体想要参与工业更新只要与原主体协商、配合政府政策执行即可。工业更新项目对政策扶植依赖性强，过渡期政策、协议出让土地政策、土地性质变更政策、物业持有年限等对更新影响力较大。

从不同类型的工业更新项目来看，工业遗产更新更加考验企业对其工业文化价值的挖掘与品牌的打造运营能力。"工改工"类更新项目顺应国家产业升级的趋势，逐渐融入产业园区建设发展，更新周期相对较短但销售流动性差，目前参与更新的一般是房地产企业通过持有运营的方式取得回报。近年来，主要城市"旧厂"改造项目占比呈现增高趋势，且"工改工"项目立项占比较高。工改商项目变现能力强、利润更高，是传统的房地产企业关注的重点，但规划审批环节政企双方在容积率和项目规划上有一定的博弈时间，更新周期较长。

工业类有机更新的特点及难点：随着城市发展，原本规划位于城郊地区的工业厂区逐渐融入城市，变成市区甚至是核心区。产业升级换代的变革使得这些老工业企业生产迭代、效能下降、厂房空间限制，造成厂房和土地资源的浪费。在此背景下，盘活闲置的工业土地能够有效缓解建成区土地资源紧缺的问题，同时，提高了土地使用效率，为老城活力恢复、城市可持续发展提供空间。

工业类有机更新的优势与劣势十分明显。优势在于传统工业厂房往往集中成片、区位条件优良、土地空间资源潜力大。劣势在于,由于传统工业企业的资产盘活涉及领域众多,包括土地管理、国有资产运营监管、工业构筑物功能转换的建设标准等政策瓶颈,在实际更新实施过程中困难较多,开发周期也比传统房地产开发项目有着较大区别。

工业类有机更新对企业的要求:企业参与工业更新改造涉及的改造业主结构简单,企业只要与原业主协商、配合政府政策执行即可。工业更新政策扶植依赖性强,对企业持续参与更新影响力较大。工业遗产等细分类型更新更加考验企业文化价值挖掘与品牌运营能力。"工改工"项目周期短但销售流动性差,房企一般通过持有运营的方式取得回报。工改商项目变现能力强,利润更高,是房企关注的重点,但其更加强调商业活力的可持续性,企业操盘工改商项目需强化长效运营能力。

企业参与工业类有机更新的建议:结合各地产业转型升级的需求,进入工改工物业的更新开发。充分调研城市工业发展需求与现状,对已无力转型、产能滞后的老工业企业,由当地政府主导,引入先进工业生产技术,对原有工业生产空间进行更新,在保持工业用地性质不变的基础上,升级为工业类研发中心或无污染的现代化生产企业,继续保有其工业生产功能。

开发企业与工业企业合作,收储—出让—拿地—开发。对于大多数老工业企业而言,自身并不具备盘活自有土地的资金和能力。老工业企业优质的土地资源,成为其核心资产价值,身为国有企业,与开发企业的合作中首先要面对的就是国有资产的审计审查工作。一个项目的成功,在兼顾各方利益的同时,还要遵从各归口的政策、法规。目前，可行的操作路径是开发企业先期与工业企业合作，签订合作协议或成立合资公司，设置高比例返还条件，继而收储后出让，开发企业通过公开市场摘地。

不改变土地性质的改造开发，参与物业精细化运营。针对老旧工业厂房的物权人不变更、土地性质不变更的情况，在当地政策允许的范围内，只变更工业建筑物、构筑物的使用功能。当前市场上，利用存量工业厂房改造为文创园多为此类项目。以文化创意产业为核心不断拓展旅游休闲、展览、办公、商业等功能。旧工业改文创园的更新项目多为政府推动，擅长品牌运营的物业企业或开发企业与原产权人成立联合管理公司或委托经营两种操作方式。参与工业文创类更新项目，企业需全面评估自身对项目的运营管理能力和品牌打造能力，有实力路径吸引企业、商户、机构的进驻。目前，利用老旧工业区开发文创产业园区的更新项目在全国各城市均有出现，但其开发重点在于文创产业的内源性支撑，如相关支撑缺失，更新项目往往会面临"成型易、成功难"的局面。

结合当地政府的工业收储计划，介入参与工业土地的二级开发。随着城市产业经济"退二进三"的推进，大量位于城市核心区且区位优势明显的老旧工业厂房与城市边缘的开发区土地进行置换，释放出一部分资产价值潜力较大的存量土地。参与存量工业土地的二级开发一般由当地土地储备部门对存量工业用地收储，原工业生产企业搬迁集中"退城入园"。对于有一定资金实力和开发能力的企业，就工业企业腾退出的存量工业土地，可以在后续更新中，通过"招拍挂"的形式参与到存量土地后期的二级开发中。

五、工业类有机更新参与方分析

工业类有机更新资源方可大致分为原产权所有企业与运营改造企业。工业类有机更新的原产权所有企业中有相当一部分是国有企业，国家也出台了推动老工业基地转型，公布工业遗产名录等方式，引导工业企业开展更新活动。

为落实国有资产保值增值，在土地产权管理措施不完善、更新土地成本较高的情况下，工业企业更多的是采取自主更新的方式。工业企业自主更新经验较为丰富的有北京首钢集团，首钢集团在自身产业转型的过程中也孵化了一系列服务于首钢园区更新转型的企业，首钢创业公社就是其中之一。首钢创业公社业务板块，聚焦城市更新与园区运营，2013年5月设立于北京，是国有资本首钢基金旗下的一家以空间运营和产业服务为核心业务的资产管理运营商。商业模式是空间运营与资源整合提升资产价值：提供定制化科技企业办公平台，与企业进行资源对接，利用公寓产品线多样，设施配套完善提供"1+X"公寓+增值生活服务。

工业运营改造企业在业内较有影响力的有招商局下属的招商蛇口，探索出一条基于蛇口工业区更新开发形成的政企合作路径。招商蛇口业务板块是工业/科技园区开发与运营、社区开发与运营、邮轮产业建设与运营。深圳工业更新代表项目蛇口网谷开发的运营企业为招商局集团下属的招商局蛇口工业区有限公司，引入先进的项目管理经验和运作制度，结合政府给予特区的各项政策支持，能在城市产业招商、导入和运营中取得超越政府招商平台的业绩，为项目产业协调发展提供条件。蛇口模式关键在产业，招商局集团本身掌握的产业资源在蛇口模式中充当了触媒的作用。其次，蛇口模式的精髓在于"政企合作、长期开发、持续运营",通过政企合作提高企业根植性是蛇口模式成功的又一关键。

除此之外,一些工业更新社会组织,如全国老旧厂房保护利用与城市文化发展联盟也在广泛汇聚信息,充当资源互通的平台,该联盟由北京市朝阳区联合中国文化产业协会牵头倡议,成员包括中国传媒大学文化发展研究院等智库机构,全国23个城市(城区)相关部门以及94个老旧厂房改造转型园区(北京798、北京751、上海8号桥、天津嘉诚C92、成都东郊记忆、西安老钢厂、沈阳1905、大连729、景德镇陶溪川、唐山1889等老旧厂房改造利用的文创园区加入联盟)。

第七章

历史街区类有机更新案例分析与模式研究

通过对城市历史街区更新的相关研究，以及从不同角度和侧重点对历史街区进行分析并分类，可将其分为居民宜居式、商业整合式、产业提升式、文化传承式四种更新模式。本书在研究和总结国内历史街区开发共性的基础上，总结归纳了历史街区的更新路径。

一、居民宜居式历史街区有机更新

随着城市建设发展，历史街区的更新也由原来大拆大建的观光主导更新，逐渐走向了以文化体验为主导的有机更新。无论是原历史建筑改建，还是建立在历史街区中的新建筑，都是历史街区更新的重要组成部分。以居住为主的传统街区，传统街巷生活气息浓厚、建筑尺度亲切、空间环境闲适，与周边自然和生态环境高度和谐。在此类历史街区更新中，一般以本地居民居住为主，注重居民宜居性的保持、民宿文化的保护以及街区居住品质的提升。相应地，开发主体应以市场为导向发展街区经济，保证街区生活品质提升的可持续性。

以北京雨儿胡同更新改造为例，雨儿胡同呈东西走向，东起南锣鼓巷，西至东不压桥胡同。全长343m，现有院落31个，居民330户790人，是齐白石旧居所在地。从2015年开始，北京东城区以南锣鼓巷地区的雨儿、帽儿、蓑衣、福祥四条胡同为试点，探索老城保护复兴的新路径。通过"申请式腾退"政策，外迁改善一部分居民，同时腾出空间，降低人口密度，改善留住居民生活（见表7.1）。

代表案例——雨儿胡同项目核心信息梳理　　　　表7.1

类别	居民宜居式历史街区更新
项目名称	南锣鼓巷（雨儿胡同）
参与主体	政府主导 投资方：启动资金18.2亿元，北京市市发展改革委6亿元，北京市市财政局12亿元，北京市东城区区财政局2000万元 运营方：产权主体
更新策略	四条胡同腾退，雨儿胡同整治
投资与收益模式	由政府投资，通过民宿、展示、文创、胡同博物馆等运营方式，每年约2000万元收益，投资回收期100年
价值创造	经济效益：政府投资，投资收益少，投资回收期长。但周边地价提升，经济发展活跃 社会效益：探索老城保护复兴的新路径，通过"申请式腾退"政策，外迁改善一部分居民，同时腾出空间，降低人口密度，改善留住居民生活

①项目参与主体：政府主导。

②更新策略：申请式腾退。从2015年开始，北京东城区以南锣鼓巷地区的雨儿、帽儿、蓑衣、福祥四条胡同为试点，探索老城保护复兴的新路径，通过"申请式腾退"政策，外迁改善一部分居民，同时腾出空间，降低人口密度，改善留住居民生活。共254户，留住158户，腾退96户，腾退比例37%，申请式改善补贴2000元/m^2。

③投资收益模式：根据总体规划、院落格局及市场调研进行统一规划，实现居住空间补偿、公共功能共享、空间经营利用。收入来源主要为民宿（正在探索中）、展示、文创、胡同博物馆等，项目营收为每年约2000万元收益，投资回收期100年。

④价值创造：首次尝试"申请式腾退"改造模式，提升了历史文化街区的渐进式改造的可实施性。

二、商业整合式历史街区有机更新

以商业为主的历史街区，多位于老城中心，常呈现出前店后宅的建筑形式及商住混合的空间形态。在历经了较长时期的发展后，街区积淀了丰富的商业文化遗产，反映出当地特有的商业文化性格与传统经济特征，具有较强的历史文化保护价值。由于现代大型商业中心等一系列商业模式的出现，传统商业街的吸引力逐渐弱化，传统商业街区的延续前景堪忧。

目前，以整合商业的业态为主导，以文化特色为切入点，重振传统商业的魅力，推动商业业态的转变与升级，是商业历史街区有机更新的主要内容。常见的更新模式是通过对整个街区所有人、地、房资源进行精细化盘点，针对不同空间及资源进行多样化的更新模式研究。同时，以商业业态的整合为主导，争取适宜企业参与多样化模式更新的政策环境及创新引导；以综合效益可持续提升为主要目标，积极协调商业街区更新所涉及的多方利益关系；积极促成统一的行业管理机制，整合商业业态，均衡保护与开发的合理性，规范行业管理；通过企业先进的管理制度，构建持有、租赁等多种商业运营机制。

以北京杨梅竹斜街更新改造为例，位于北京原宣武区东北部，大栅栏街道辖域东南侧。斜街全长490m，宽5.5m，杨梅竹斜街片区整体占地8.8万m^2。原是旧时京城最重要的出版商业街，现成为一个展示体验京味特色的文化街区。2009年，北京市政府探索新的旧城

代表案例——杨梅竹斜街项目核心信息梳理　　　　表7.2

类别	商业整合式历史街区更新
项目名称	杨梅竹斜街
参与主体	政府、市场
	投资方：北京大栅栏投资有限责任公司（国有地产开发企业）
	运营方：产权主体（由开发企业和居民分散持有）
更新策略	通过自愿腾退方式获取点状改造空间，避免大拆大建，降低开发成本
投资与收益模式	斜街片区总投资5.2亿元，首期腾退居民安置成本超过1.3亿元。产权由开发企业和居民分散持有，目前招商收入达460万元
价值创造	经济效益：投资回收期较长，但周边地价提升，经济发展活跃
	社会效益：探索老城保护复兴的新路径，通过"申请式腾退"政策，外迁改善一部分居民，同时腾出空间，降低人口密度，改善留住居民生活

更新模式，将杨梅竹斜街作为文物保护试点（见表7.2）。

①项目参与主体：政府、市场。

②更新策略：街区空间更新，从街道景观设计、建筑单体更新及基础设施更新三个层面对杨梅竹斜街进行空间改造。引进优秀创意设计更新街区；植入与街区文化特性相符的店铺；引入老北京兔儿爷等传统工艺品店。

遗址保护，对街区内建筑按历史文化价值分类评估，价值显著的古建筑予以严格修复保护。此外，保留了大部分原有店铺形态，使原街区历史文化氛围不因改造而丢失。

点状更新，通过自愿腾退方式获取点状改造空间，避免大拆大建，降低开发成本。

文化更新，引入北京国际设计周策展活动，将设计师、规划师的创意设计植入街区,引入大型策展活动,调动街区居民共同参与,构建新活动及社会关系。

③投资收益模式:投资主体为北京大栅栏投资有限责任公司(国有地产开发企业);通过搭建工作平台——大栅栏跨界中心,作为政府与市场的对接平台;清华大学社会系进行社区营造设计构建。斜街片区总投资成本约52亿元,其中,首期腾退居民安置成本超过13亿元。另外,产权由开发企业和居民分散持有。

④价值创造:做到了兼顾商业开发、遗址保护之间的平衡。是政府主导下的历史街区再造,是一种自上而下的有计划、有目的地旧城改造,目前,已发展成为有历史文脉与保护价值在内的商业空间。杨梅竹斜街是一种更为折中的发展模式,其能较好地兼顾商业开发、遗址保护之间的平衡。

三、产业提升式历史街区有机更新

一些历史街区因其独特的文化气质及区位环境,较符合现代人文艺术需求,因此,常受到艺术家及创业青年的青睐。随着艺术群体与创业青年的逐渐聚集,文化创意产业便在这一区域逐渐生根发展,成为现代艺术文化的重要承载地区。这类历史街区的更新路径在于将特色产业发展与文化传承进行有机结合,将产业方面的品牌塑造与文化传承相结合,将历史街区的特色产业资源旅游化、消费化。其更新的有效手段是以街区的有机更新为前提,系统梳理街区内产业之间的关系,明确定位特色产业街区的发展方向,确定街区的重点发展产业和需舍弃的产业类型,重构历史街区产业体系。此类产业提升式的历史街区更新能创造强大的街区吸引力,通过合理的规范与经营，可支撑文化创意、艺术、娱乐等市场产业的迅猛发展，具备较强的可持续发展动力。

以上海田子坊更新改造为例，田子坊位于上海市卢湾区泰康路210弄，原是20世纪50年代典型弄堂工厂群。2005年被授予上海创意产业聚集区。现已成为多元化的餐饮、娱乐、休闲等业态丰富的商业街区（见表7.3）。

代表案例——上海田子坊项目核心信息梳理　　　　表7.3

类别	产业提升式历史街区更新
项目名称	上海田子坊
参与主体	产权主体自主更新
	投资方：上海田子坊投资咨询公司（街道办与文化商人合作创办）
	运营方：产权主体（分散持有，成立业主管理委员会）
更新策略	将空置厂房使用权转租，由后者运用市场化手段招徕艺术家入驻，激发了片区活力，为后续改造树立了示范效应
投资与收益模式	投入资金1800万元，盘点闲置厂房，改造后向艺术家出租，收益来源为租金，按照管委会：居民＝2∶8的比例分成
价值创造	经济效益：投资回收明显，自身价值及周边地价提升，经济发展活跃
	社会效益：居民及众多产业个体一起参与，按照市场导向自发调整使用功能、逐步演替扩展，进而实现再生。整个改造不涉及土地开发和居民拆迁，无须政府投入大量资本，依靠市场化力量使得街区更新、居民生活改善
类似案例	广州永庆坊

工业厂房改造，艺术家集聚（1998—2003年）。1998年，陈逸飞、尔冬强、王家俊等艺术家入驻，集中于弄堂工厂。2002年，创

意产业集聚，共83家艺术商店、艺术创作室和展示厅入驻。

文创工厂规模效应外溢（2004—2007年）。2004年，居民房开始对外出租，文创企业开始向居民区蔓延。2005年，政府出台居改非政策，授牌田子坊为创意产业集聚区，之后外延逐步扩大，成为城市地标。

2008年，田子坊被定位为海派文化展示地和世博主题演绎地，2008年至今，其范围进一步向外扩散，餐饮、服务等业态比例大大提升，成为旅游和体验式文化集聚地。

①项目参与主体：产权主体自主更新。

②更新策略：文创活化：街道办与文化商人合作创办"上海田子坊投资咨询公司"，将空置厂房使用权转租，由后者运用市场化手段招徕艺术家入驻，激发了片区活力，为后续改造树立了示范效应。

适时借力突破制度边界：将公用房交由合作企业进行改造出租规避政治风险，掀开"居改非"大幕。在政府计划对片区实施拆迁开发后，联立居户、艺术家及社会人士向政府抗辩，使得政府出台居改非政策。

借势宣传：借力世博会举办契机，申报世博会旅游示范点，并邀请国内外政要精英到访，引发社会关注。

③投资收益模式：政府参与方式为泰康路艺术街管委会（艺委会），负责工业楼宇运作；居民参与方式为成立业主管理委员会（管委会），负责管理居民对外出租和维护内部的公共设施。土地产权归居民分散持有，土地获取方式有两种，一种为租赁方式获取老厂房土地，由艺委会负责；另一种为居民自行出租原有公房给艺术家，合情但不合法。启动资金为租户预付定金，政府出资

进行基础设施建设；收益来源为租金，管委会与居民按照2∶8的比例分成。

④价值创造：自下而上的再开发模式。居民及众多产业个体一起参与，按照市场导向自发调整使用功能、逐步演替扩展，进而实现再生。整个改造不涉及土地开发和居民拆迁，无需政府投入大量资本，依靠市场化力量使得街区更新、居民生活改善。

四、文化传承式历史街区有机更新

特色文化街区一般是围绕某一文化而演绎包装的街区，如酒文化历史街区、茶文化历史街区等，可以是依托某个历史文化遗址而形成全新的特色风貌区，也可以是古城镇中原有的历史文化区域。一般与故事传说、民俗艺术相关，非物质文化意象突出，可视性物质遗存较少，但有着很强的文化主题感召力。其更新往往容易忽略特色文化与街区之间的联系，从而需要通过有机更新的方式，将某种文化意象融入街区发展中，并从文化主题中抽离出各类元素，巧妙与街区景观、服务设施等结合起来，形成更为强大的街区文化感召力。这类的历史文化街区的更新通常是以传承文化遗产为主导，在文化资源主导下，以政府引导、集团开发、居民监督的多方运营管理模式，实施分层定位，实现有机更新的小规模、渐进式更新。

以乌镇更新改造为例，乌镇位于浙江省嘉兴桐乡市，是江南地区典型的汉族古镇。它也是江南六大古镇中最具代表性的，被誉为"鱼米之乡、丝绸之府"。乡内河网密集，房屋建在河上，保留了历史街区特有的地方风俗和文化传统。乌镇更新开发共经历三个阶段,1.0阶段:2000年初,以茅盾故居为核心打造东栅。景点均衡,没有住宿。东栅建设的首要目的是聚人气,打响乌镇知名度。2.0阶段:2003年,乌镇旅游公司归还了一期东栅景区的建设贷款,将重心转向西栅,提出了"历史街区的再利用"的概念。西栅建设了风格各异、层次鲜明的酒店客栈。3.0阶段:文化会展活动为古镇注入新内容。戏剧节、互联网大会落地乌镇,文化体验独一无二,建设了大剧院、木心美术馆,举办了现代视觉展、建筑展、乌镇戏剧节等(见表7.4)。

代表案例——乌镇项目核心信息梳理　　表7.4

类别	文化传承式历史街区更新
项目名称	乌镇
参与主体	市场主体主导
	投资方:乌镇旅游股份有限公司(中青旅控股股份有限公司占股66%,桐乡市乌镇古镇旅游投资有限公司占股34%)
	运营方:乌镇旅游股份有限公司
更新策略	乌镇西栅在开发中首创整体产权开发模式,买断西栅所有商铺和住家的房屋产权,再请回原住民作为景区房东,协调景区与住民关系
投资与收益模式	市场主体牵头,构建多方合作盈利模式。乌镇东栅2000年投资1亿元,东栅2003年投资10亿元;盈利方式主要依靠门票、住宿、会议、餐饮、娱乐等多元化产品,其中,门票收入占50%;乌镇东栅2000~2003年每年营收3000万元,三年回本;乌镇西栅第一年营收3000万元,第三年9000万元,2018年营收19.5亿元
价值创造	经济效益:投资回收明显,自身价值明显提升,经济发展活跃
	社会效益:原文化与新需求的契合,功能上是游客和原住民的复合,将旅游和文化良好复制。产权明晰,便于经营管理。复合态经营,收入来源多样,营收稳定

①项目参与主体：市场主体主导。

②更新策略：产权明晰、整体开发：乌镇西栅在开发中首创整体产权开发模式，买断西栅所有商铺和住家的房屋产权，再请回原住民作为景区房东，协调景区与原住民关系。

定位精准、系统改造：乌镇西栅定位高端休闲与商务市场，与定位观光游览、客单价50~60元的东栅景区不同，西栅过夜游客较多，住宿游客的客单价达到1000元/人次，已经成为营收的主力。在水电、卫生、游乐设施等硬件方面进行了系统性改造。

复合业态、专业管理：除了收取门票外，西栅景区内同时经营住宿、会议、餐饮、娱乐等多种业态。

③投资收益模式：

开发运营主体为乌镇旅游股份有限公司，其股权结构为中青旅控股股份有限公司占股66%，桐乡市乌镇古镇旅游投资有限公司占股34%。项目资金来源为初期贷款，2007年引入中青旅资本。产权所有方式为买断房屋产权，其中，保护性资产属于国家，经营性资产属于公司。管理机构为乌镇国际旅游区建设管理委员会。项目投入方面，乌镇东栅2000年投资1亿元，东栅2003年投资10亿元；盈利方式主要依靠门票、住宿、会议、餐饮、娱乐等多元化产品，其中，门票收入占50%；乌镇东栅2000~2003年每年营收3000万元，三年回本；乌镇西栅第一年营收3000万元，第三年9000万元，2018年营收19.5亿元。

④价值创造：原文化与新需求的契合。功能上是游客和原住民的复合，将旅游和文化良好融合。产权明晰，便于经营管理。复合态经营，收入来源多样，营收稳定。

五、历史街区有机更新模式的启示

以有机更新为理论基础，通过代表案例深入分析，可总结出以下四个历史街区更新的一般规律。一是注重人的需求，以居民宜居性的保持与民宿文化的保护为主要更新目标。二是要推动传统商业业态的转型升级，提高原生业态的可持续能力。三是整合地方资源，制定高端定位的产业体系，实现空间功能置换。四是注重文化和创意理念的结合，实施分层定位，实现有机更新的小规模、渐进式更新。

城市历史街区有机更新的开发运营模式强调三点。首先，要建立政府的政策导向机制，实现体制和机制创新，通过科学的历史街区的定位和具体的更新改造方向的规划策划，实现历史街区土地资源运作形成多种渠道；其次，在政府引导的前提下，实现历史街区开发的市场化运作，主要有两种方式，一是直接吸收经验丰富的外来开发运营商，二是成立由政府主导的专业运营公司；最后，以政府主导为前提，市场化运作为基本方式，通过产权拍卖、企业入股、租赁经营等方式，筹集街区更新改造的资金。

六、历史街区类有机更新参与方分析

历史街区由于其独特保护属性，其更新一般为以政府主导为主，对于市场主体而言，参与历史街区类有机更新的核心竞争力则需要较为强大的经济实力与运维能力，而运维能力将是对大型集团主体的核心考验。在历史街区运维方面，比较突出的资源方有万科房地产有限公司,其代表项目为广州永庆坊;中青旅控股股份有限公司,代表项目为乌镇,与当地市属平台公司共同控股组建了乌镇旅游股份有限公司,负责乌镇的整体开发与运营;香港瑞安集团,代表项目为上海新天地;成都文旅集团,代表项目为成都宽窄巷子。

第八章

片区类城市更新案例分析与模式研究

老旧片区更新一般是指城市中若干个更新项目打包成片实施的类型。其中，既包括增量重建类项目，也包括整治更新类项目。同时，一个片区的更新往往包含若干类型的更新项目，如老旧小区与旧工业并存，历史街区与老旧商业并存等等。随着土地资源的不断紧缺及更新类项目实施难度的不断加大，能够通过统筹实施来均衡各项目之间实施难易度的片区更新将会逐渐成为未来城市更新的主流形式。目前，我国片区城市更新主要分为两大类，一类是增量开发、就地平衡式城市更新，另一类是减量提质、统筹资源式城市更新。

一、增量开发、就地平衡式城市更新

本类型片区城市更新指单纯靠地块建设量增加实现更新资金平衡，以广州、深圳为代表的全国多数城市都在沿用此类更新模式。此外，在新的国土空间语境下，我国仍存在大量已具有城改旧疾的城市，陆续尝试着新语境下摆脱旧有路径依赖的城市更新模式，下文将以保定为代表进行阐述。

1.深圳案例详述

深圳城市更新的政策背景主要特点为政策全面、路径细致、单元申报、自下而上。在广东三旧改造试点的背景下，深圳继而开始推进城市更新工作。《深圳市城市更新办法》（2009年至今）是全国首个系统化指导城市更新工作的地方政府专项法规。2012年《深圳市城市更新办法实施细则》出台，明确首次存量用地超过增量用地供应，同时，成立专业部门（城市更新局），全面执行城市更新用地划定单元、自主申报政策。由于深圳城市更新相关政策保障全面，因此，市场自由度相对较高，相继出现龙头企业深耕布局的局面。华侨城、中海、绿景、金地、京基等企业，近十年来在城市更新领域深耕布局，争做"先行示范"。深圳城市更新的"先行示范"，不仅能增加深圳的建设用地供应，带动固定资产投资，增加地价及税费收入，还能帮助深圳实现产业升级、带动消费升级。随着政策文件不断完善，增强了市场主体的确定性，深圳市政府还专门出台了《深圳经济特区城市更新条例》，以解决城市更新过程中遇到的拆迁难题。代表案例为深圳新桥东片区更新（见表8.1）。

代表案例——深圳新桥东片区更新项目核心信息梳理　　表8.1

类别	片区类城市更新—增量开发、就地平衡式片区更新
项目名称	深圳新桥东片区城市更新项目
参与主体	深圳宝安实业集团 投资方：深圳宝安实业集团 运营方：深圳宝安实业集团、区属国企
更新策略	实施采用"三级联动"工作方案，区政府工作组推动＋国企项目公司实施＋社区股份公司配合，包括区城市更新和土地整备局、宝安实业集团、宝安规划设计院、新桥街道办和沙井街道办
投资与收益模式	综合运用"拆除重建＋综合整治＋土地整备＋违建拆除"多手段结合的全新模式，统筹解决片区周边约 2.3km^2 存量土地发展的问题
价值创造	经济效益：产业用地盘活，通过产业用地招拍挂、"产业保障房"经营等模式，实现片区整体空间增值 社会效益：在城市更新建设、设计、运营等方面进行了横向产业链的扩充，同时，具备了多类型更新项目组合开发的能力
类似案例	深圳—京基、华侨城等项目

①项目参与主体：深圳宝安实业集团。

②更新策略：共申报11个更新单元，总面积2.3km²，重点更新单元152.97hm²、综合整治单元30.62hm²、土地整备单元7.18hm²、其他（现状保留）34.26hm²。

实施采用"三级联动"工作方案，区政府工作组推动＋国企项目公司实施＋社区股份公司配合，包括区城市更新和土地整备局、宝安实业集团、宝安规划设计院、新桥街道办和沙井街道办。

区工信局牵头进行产业安置转移，牵头成立产业统筹梳理推进小组，对项目范围内96家重点优质企业进行多次走访，收集诉求，同时，梳理宝安区各街道和区属企业物业空置情况，建立台账，明确企业的安置意向、安置计划以及对应的时间节点和工作负责人员，确保项目区域范围内的国高企业、规上企业稳定搬迁。

③投资收益模式：宝安综合运用"拆除重建+综合整治+土地整备+违建拆除"多手段结合的全新模式，统筹解决片区周边约2.3km²存量土地发展的问题：将符合条件的现状老旧工业区约1.27km²纳入重点更新单元拆除范围，通过拆除重建方式完成升级改造；将城中村纳入"双宜小村"范围，通过综合整治模式实现片区居住品质的提升。

④价值创造：企业发展组合开发能力。实施此项目的宝安实业集团，不仅在城市更新建设、设计、运营等方面进行了横向产业链的扩充，同时，具备了多类型更新项目组合开发的能力。这里包括旧工业、老旧社区、城中村、棚改等类型。由此可见，即使是增量开发式更新，也逐渐趋向于大面积统筹开发，用以均衡不同项目之间的更新难易度。

产业用地保障性贡献。坚持产业优先，保障空间。项目72hm²产业开发建设用地约402万m²物业中，除回迁物业约160万m²外，其余物业均由区属国企掌控，建成后可销售或租赁给优质的高新技术企业，发挥"产业保障房"的功能，必要时，可调节产业用房租金，保障企业发展。另外，项目还贡献了10hm^{2}的产业用地，可供政府通过"招拍挂"的方式出让给优质企业。

2.广州案例详述

广州的城市更新总体上经历了从市场自由运作到政府管控的转变，总体分为三个阶段：阶段一，"市场主动+政府让利"，更新市场呈现爆发式增长；阶段二，"政府主导+市场参与"，更新速度放缓；阶段三，"政府主导+市场运作"，微改造类更新逐步增多。

目前，广州市城市更新已全面进入"产城融合，产业为先"的4.0阶段。更新市场呈现企业旧改暗战，瓜分城中村改造，增量开发持续的现状。2020年9月广州市人民政府办公厅印发的《广州市深化城市更新工作推进高质量发展的工作方案的通知》中明确，在未来十年内供应的城市更新项目中，只有400个城中村改造是允许社会资金参与的。代表案例为聚龙湾片区更新（见表8.2）。

代表案例——聚龙湾片区项目核心信息梳理　　　表8.2

类别	片区类城市更新—增量开发、就地平衡式片区更新
项目名称	广州—聚龙湾片区城市更新项目
参与主体	珠江实业集团
	投资方：珠江实业集团
	运营方：广州珠江产业园投资有限公司（属珠江实业）
更新策略	将聚龙湾片区的旧城、旧村、旧厂纳入连片收储整备范围统筹改造，探索通过全周期管理模式有效盘活区域存量土地
投资与收益模式	统一由平台公司实施整体规划、整体开发、整体招商、整体运营

续表

类别	片区类城市更新—增量开发、就地平衡式片区更新	
价值创造	经济效益：产业用地盘活，产业聚集效益下，片区整体空间增值	
	社会效益：统一了不同权属主体的利益诉求，提升了更新改造效益，保障项目建成后能够配合政府开展新兴产业的培育孵化工作	
类似案例	深圳—京基、华侨城、安保实业集团等项目	

①项目参与主体：投资方为珠江实业集团，运营方为广州珠江产业园投资有限公司（属珠江实业）。

②更新策略：珠江实业成立了广州珠江产业园投资有限公司，作为市级平台，统筹推进广州聚龙湾片区的统一规划和整体开发。在广州市政府支持下，通过该平台整合其余5家市属国企，共计8个存量地块，统一由平台公司实施整体规划、整体开发、整体招商、整体运营。统一了不同权属主体的利益诉求，提升了更新改造效益，保障项目建成后能够配合政府开展新兴产业的培育孵化工作，形成产业聚集效益，实现健康可持续发展。

更新单元内现状用地以居住用地和工业用地为主，地块犬牙交错，功能混杂。为推动城市高质量发展，荔湾区将聚龙湾片区的旧城、旧村、旧厂纳入连片收储整备范围统筹改造，探索通过全周期管理模式有效盘活区域存量土地。

③投资收益模式：项目改造范围总用地面积为25.18万m^2，现状房屋总建筑面积约14.50万m^2，项目改造将采取旧城连片更新改造（混合改造）的改造模式。当前，涉及权属人约702个，改造范围内同意改造的权属人占比超过90%。在补偿方式上，旧城采用货币补偿方式和异地安置方式；旧厂改造则依据（穗府办规〔2019〕5号）文第十三条，采用"一口价"方式补偿；旧村全部为集体物业，采

用货币补偿方式。

④价值创造：增量开发搭配了公益性基础设施。在一期的片区更新开发中，珠江实业建设了一个公益性基础设施——穿江隧道，不仅提升了自身地块价，还为城市增加了服务便利度。也正是这一公益性项目的捆绑，为其拿到整个片区的更新开发权，增加了竞争力。此类捆绑开发的成功实施，也将获得政府及市民的信任，更有助于树立品牌形象。

深圳、广州企业主体参与更新演进规律：

通过以上分析可知，介入片区开发式更新市场主要分为"三步走"。第一步为强化多主体协作能力，主要包括与政府、产权人、金融机构等主体的协作；第二步为拓展产业导入能力，主要指城市更新产业链条的植入与延伸；第三步为发展组合开发能力，要具备同时实施公共服务设施、棚改、历史街区、工业等多类型城市更新项目的综合能力。

3.保定案例详述

对于城市更新而言，在新的国土空间语境下，将要面临两大转变：一是规划观念及价值方面的转型，即"以发展为主导"的短期效益转向以"生态优先、以人为本"的长期效益；二是空间规划模式的转型，即以"增量为主"的扩张性更新转向以"存量为主"的"全局控制"型更新。

新的国土空间规划语境，即是要用更有限的空间资源解决更多的城市问题，实现更多的目标。新语境的倒逼使整个城市更新由原来以增容扩容为核心的平衡方式，向真正的城市增长方式转型。在此过程中，并非每个城市都能像北京、上海、广州等一线城市一样逐步进入微更新时代。我国仍存在大量已具有城改旧疾的城市，它们将如何在新的语境下摆脱旧有路径依赖，从而实现多元更新？在此，我们将以保定市主城区城市更新为例，阐述其在此过程中的探索与思考。

（1）更新背景

2008年，保定市在河北省"三年大变样"的指示精神和总体要求下，开展了一系列城市更新改造行动。其中，包括重整街道、扩宽马路、拆除违建、再建新区新楼等。可以说，保定市经历了若干年大拆大建式的旧城改造模式。而现阶段，保定市的旧城改造工作，即是从当年的"三年大变样"成果中承接而来。随着《京津冀协同发展规划纲要》的提出，把保定纳入了"中部核心功能区"，列为"区域性中心城市"，把京保石发展轴作为三大发展轴之一重点打造，明确提出"推动京津保地区率先联动发展"，在顶层设计上确立了保定更高的战略地位。与此同时，随着雄安新区的落备，保定市的未来承接了更高的时代使命。在此背景下，保定市如何应对转型将成为未来城市更新工作的关键议题。

（2）面临困境

2008年，河北省提出"三年大变样"的主要策略是先进行大规模拆除，腾出成片土地以作为招商引资的筹码。经历"三年大变样"之后，保定市形成了一系列城改"后遗症"，主要表现在产业发展及城市环境两个方面。

①产业发展受限：首先是产业用地空间被严重侵蚀。保定市高新区总面积5700hm^2，"三年大变样"造成工业用地仅为760hm^2（占

总用地13%，缩减30%）。其中，规划未建工业用地仅为167hm²（占总用地2.9%）。工业用地频繁调规成居住用地，使整个产业发展用地空间受到了严重的影响。受土地资源制约，保定高新区区域规模效应较弱、区域带动力不足，在全国高新区中的综合排名由第23名下降至98名。

其次是产业招商也受到了影响。主要是由于产业用地的缩减，使招商规模大大受限。保定处在产业发展的黄金期，主要源于北京的产业疏解及雄安新区尚未完全建成的现状。自雄安新区设立以来，已有近百家企业洽谈入驻，平均一年20家，近60%未能落位，因为在全市找不出一块完整的200亩工业用地来承接这些新的产业（图8.1）。由此可见，"三年大变样"带来的产业用地侵蚀，影响了未来支撑城市发展的长效动力。

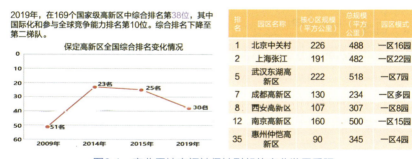

图8.1 产业用地空间被侵蚀引起的产业发展受限

②城市环境欠账：经历"三年大变样"之后，整个城市欠账依然严重，大拆大建并没有实现城镇化进程。局部城改实施后，人口增长过快，公共服务与基础设施承载负担过重。据统计，主城区目前公共服务设施实施率仅为34%，基础设施实施率60%，大大增加了城市的治理难度。同时，"三年大变样"造成的历史遗留问题也

较多，如10年以上未完成建设的遗留项目高达500个以上；在民营资本参与改造的40个城中村，其中13%企业主体资金链断裂，面临烂尾的风险（图8.2）。

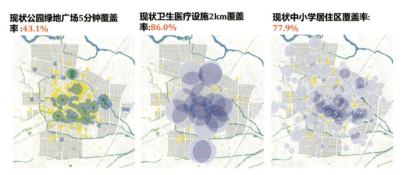

图8.2　现状服务设施覆盖情况

（3）实践应对

面对以上诸多问题，保定市政府针对未来城市更新的转型，是具备坚定的发展决心的。其主要探索了以下实践应对策略：

①策略一：摆脱路径依赖，严控旧改拆除总量。

新一期的棚改由75个减少到40个，而且主要解决过往问题。严控拆迁比，由原来"三年大变样"期间1∶7或1∶8的拆建比，直接引导到1∶2。同时，将核定所有安置区域，一方面是解决原来历史遗留问题的安置，另一方面是通过棚改的安置，实现安置率达到98%。此外，严控新增住宅的供给计划，防止新增住宅过大而冲击现有的土地供应市场。为此，分别测算了5年、7年、10年的城中村改造住宅供给计划，并确定按照10年供给周期作为最终方案（表8.3）。

②策略二：重视空间资源，空间资产再盘点。

在控制住大拆大建之后，如何寻求新的城市更新拓展空间呢？

三套城中村改造住宅供给计划　　　　　　　表8.3

	年度	安置房用地	居住用地	商业用地	工业用地	总计	预期收入	计提后收入
按5年供应城中村改造土地出让收益预估	2021	3722	3585	696	0	8003	372.11	316.29
	2022	0	3302	642	0	3944	264.98	225.23
	2023	0	3135	622	0	3757	263.96	224.37
	2024	0	2844	562	3746	7152	245.22	208.44
	2025	0	1794	537	2522	4853	162.18	137.85
	合计	3722	14660	3059	6268	27709	1308.45	1112.18

单年土地供应量较大，对土地供应市场冲击大，易出现撂荒闲置现象。

	年度	安置房用地	居住用地	商业用地	工业用地	总计	预期收入	计提后收入
按7年供应城中村改造土地出让收益预估	2021	3722	2435	569	0	6726	320.76	272.65
	2022	0	2605	256	0	2861	193.70	164.65
	2023	0	2033	601	0	2634	188.90	160.57
	2024	0	2287	179	1500	3966	180.52	153.44
	2025	0	2022	252	1587	3861	162.44	138.07
	2026	0	1872	397	1565	3834	166.73	141.72
	2027	0	1406	805	1616	3827	163.79	139.22
	合计	3722	14660	3059	6268	27709	1376.84	1170.31

土地房产市场供需及项目运营较为稳定。

	年度	安置房用地	居住用地	商业用地	工业用地	总计	预期收入	计提后收入
按10年供应城中村改造土地出让收益预估	2021	3722	1892	428	0	6042	287.84	244.66
	2022	0	1800	408	0	2208	166.26	141.32
	2023	0	1710	388	0	2098	156.49	133.02
	2024	0	1744	360	1048	3152	147.64	125.49
	2025	0	1575	275	999	2849	141.19	120.01
	2026	0	1424	265	946	2635	118.92	101.08
	2027	0	1391	251	936	2578	123.25	104.76
	2028	0	1214	276	889	2379	99.22	84.34
	2029	0	932	206	801	1939	91.93	78.99
	2030	0	978	202	649	1829	96.36	81.91
	合计	3722	14660	3059	6268	27709	1420.10	1214.73

资金回笼周期较长，运营存在一定压力。

这将主要依托于对城市资源的重新盘点。现有城市资源仍具备挖掘潜力，如各类低效用地、闲置土地等，我们称之为"三闲四低"用地。"三闲用地"主要包括闲置土地、批而未供土地及空闲用地；"四低用地"主要包括低效工矿仓储用地、低质低效居住用地、低质低效商业用地及其他低质低效用地（如边角地、插花地等）。通过分别对以上各类用地的精细化盘点，初步预估完全可覆盖国土空间规划中的增量要求。因此，未来更新中如果利用好闲置用地，无须过度依赖用地的增量增容。例如，在经过创新、打通部分土地政策壁垒之后，保定市第一个1号工程，国际医疗基地落备在闲置土地之上。原来是房地产项目，收回后承接北京新产业的疏解，预计未来将为全市带来千亿级的产出，无须通过新区或者增量的方式便可以实现产业的落位。

③策略三：多元更新模式，单元控制、分类引导。

对城市所有土地进行更新单元划分与分类引导，每个单元明确拆改留的项目，并增加微更新的项目。例如，暂缓了古城周边八个城中村改造，将其纳入古城的微更新中共同实施，实现古城的文化保护和利用，用于业态提升和民生补足。再如，停止了八大厂区仓储、物流的拆迁。八大厂区是新中国成立之前便存在的，是具有一定历史价值的工业遗存。在前一版规划中，给定的是拆除并更新为商业与居住用地，本次更新规划进行了纠偏并全部保留。

与此同时，增加各类的微更新工程，同步推进智慧城市、海绵城市等市政工程，进一步把保定房地产市场的良好秩序立起来，把品质为先、宜居宜业新保定的良好形象树立起来（图8.3）。

④策略四：提质增效利用，产业、服务双增效。

以上探索是针对"精细化拆"，而"精细化改"的问题需要新规

图8.3　八大工业用地方案调整

划用地提出明确的提质增效方式。最重要的便是产业升级，才能应对以上减量、微增量的更新模式。因此，对原高新区产业布局进行及时纠偏，用以补充"三年大变样"期间频繁调规造成的产业用地不足。纠偏之后，增加产业用地280hm²，盘活闲置产业用地100hm²。

此外，重视新增服务设施的服务效率。通过对原有规划的精细评估，发现原公共服务设施配置形式较为粗放。原公共服务设施用地占总用地的8.5%，但服务效率仅为70%，与新增人口相比还存在大量缺口，较大用地占比却没有形成足够的服务支撑。新一轮规划编制将对整个服务设施的标准重新进行梳理，针对学校、医院按照新增人口进行相应的扩标与增容，针对文化、体育部分设施设立新的集约配置标准。经过精细梳理，各类服务设施实现节约用地18%，服务覆盖率由78%提高到91%，精细化用地达到良好效果。

⑤策略五：明确主体参与模式，梳理国有平台公司任务。

明确各主体在旧城改造中的参与模式，引入国有平台公司，协同梳理量大纷杂的历史遗留项目及问题。国有平台公司与政府合作，具备稳定一级开发市场的优势，作为土生土长的地方性国有城市运营企业，熟悉当地情况，与当地政府建立了良好的政企合作关系，更擅长解决旧改遗留问题。同时，国有平台公司的进入规范了旧改市场，形成统一的安置区配套标准，统筹好所有的土地供应计划、供应时序和土地增值、城市发展、人口增长之间的关系（图8.4）。

图8.4　统一补偿标准

与此同时，政府对民营资本也进行了规范，主要表现为两方面：第一是对资金不足、资金链将断裂的企业采取限期收回的方式，同时对新增项目采取资金类的支持，保证新的棚改不再有新的遗留问题；第二是对整个民营资本参与旧改进行全流程的规范，要求安置区先行，建好方可出售，否则项目不可上会等。此外，还包括针对工业类的用地，研究出台主体自我更新的路径与规范。

（4）案例思考

通过以上探索可见，保定市不可能像北京和上海等城市，跨越大拆大建后，能快速顺利地转向微更新，但是针对片区问题与特色在两年的过程中做出了自己的特点。首先，对原来的旧有模式及时纠偏，同时，梳理自有的城市资源，不仅仅针对可拆除资源，还包括闲置类资源；不仅仅是土地更改，还加入了更多的微更新。此外，对新增用地采取提质增效的利用，鼓励更多主体参与进来，各施所长。通过以上方式的探索，相信未来的保定一定能够进入城市发展的新良性循环之中。

二、减量提质、统筹资源式城市更新

此类更新更接近于有机更新，是城市发展演进的必然趋势。改革开放以来，城乡建设用地的不断扩张带来各种各样的城市发展问题。随着城市危机的不断显现，以资源环境承载力为约束，转变城市发展方式已是大势所趋。

国家层面，减量提质的政策背景，促使城市更新模式转型，转向小规模、渐进式的有机更新。其中，"城市双修"是城市更新面向减量化发展做出的第一次尝试，在已有两批"城市双修"试点城市中，景德镇具备突出代表性。在此之后，北京城市副中心的老城更新开展了更为先进的尝试（表8.4）。

①项目参与主体：政府、国有平台公司（通投），投资方与运营方皆为北京通州投资发展有限公司。

②更新背景与收益模式：

北京城市副中心老城更新案例详述

规划建设北京城市副中心，是以习近平同志为核心的党中央重大决策部署，是千年大计、国家大事。老城区是北京城市副中心现状人口和建设的主要承载地，副中心现状83%的人口、68%的建

代表案例——北京城市副中心老城片区项目核心信息梳理　　　　表8.4

类别	片区类城市更新—减量提质、统筹资源式更新
项目名称	北京城市副中心老城片区更新
参与主体	政府、国有平台公司（通投）
	投资方：北京通州投资发展有限公司
	运营方：北京通州投资发展有限公司＋运营公司
更新策略	"五、一、五"项目捆绑；一二级联动＋跨区平衡
投资与收益模式	建立价值转换的思维和长周期的资产管理思维，不同盈利水平项目的捆绑、土地的一二级联动开发、盘活存量资产进行价值提升等综合手段，进而实现片区价值的提升、区域平衡，并获得合理回报
价值创造	经济效益：增加运营收益，提升片区整体价值
	社会效益：为未来减量、提质的大环境下的更新，提供了新的实施路径
类似案例	景德镇城市更新

筑面积均位于老城区范围内，该区域是落实以人民为中心的发展理念、让人民群众有获得感的关键地区。老城区也是城市副中心历史文化和城市活力的集中展示区。北京城市副中心新建区（行政办公区、环球影城、运河商务区等）建设提速，老城区提升需求十分迫切。老城区现状人口密集、职住问题突出，面临交通拥堵、公共服务设施配套不足、环境品质较差等问题，发展质量和水平距离建设未来没有"城市病"的城区尚有不小差距。北京市委、市政府各级领导对老城区"城市双修"与更新工作给予了高度重视。

为高质量实施《北京城市副中心控制性详细规划（街区层面）（2016—2035年）》（以下简称《副中心街区控规》），强化顶层设计，补齐老城区短板，实现"以新促老、新老融合"，加强长效机制建设，自2018年6月以来，在北京市领导的带领下，北京市规划与自然资源委员会协同通州区委、通州区政府开展了北京城市副中心老城更新与双修工作。

1. 整体特色

（1）突出规划引领，落实城市战略目标

①对接上位规划，实现城市长久目标。

在开展北京城市副中心老城更新与双修规划编制工作之前，北京刚刚完成了《北京城市副中心总体城市设计和重点地区详细城市设计方案国际征集》《副中心街区控规》及17个专项规划的编制，15个专题的研究等工作，规划体系完整、内容翔实，为老城更新与双修规划提供了清晰的工作目标。因此，此次工作的重点是落实上位规划的战略意图，自上而下进行目标分解，确立目标体系，将《副中心街区控规》提出的空间发展目标转化为可实施操作的建设任务。

此次工作基于生态绿地、历史文化、公共服务、道路交通、市政设施、居住环境、城市风貌、公共空间、存量用地等10个系统，对老城区进行全面的体检评估。从用地布局、指标要求、设施缺口等方面全维度地比对现状与控规的差距，提出到2035年完成《副中心街区控规》的所有任务，并根据近三年空间布局的重要性、公众需求程度的紧迫性、供地条件与资金等建设的可实施性，筛选出近三年需要完成的项目。

②对接体检报告，关注城市民生"痛点"。

坚持以人民为中心，抓住百姓生活的"痛点"，提升群众获得感与幸福感，是此次工作的核心目标与重要原则。因此，在开展北京城市副中心老城更新与双修工作之初，技术团队组织了精细化的体检评估与广泛的公众参与，充分采集老城区的各类问题。

通过对老城区2600余个地块、1500余个路段、近900个设施点位的精细化体检，建立地块体检信息表，针对各类现状问题形成量化分析结果，为后续项目的筛选提供扎实的数据支撑。同时，对老城区内146个社区的居民进行问卷调查，共收集到有效问卷12000余份，市民意见10600余条，通过问卷调查，找准百姓生活的"痛点"问题，通过描绘市民心理地图，找到老城区问题集中的区域。

根据体检评估与公众参与的结论形成近期的建设目标，并将这些规划构想与目标转化成为实际的建设项目。同时，按照项目的轻重缓急对项目进行筛选整理，确保重要的项目优先实施，确保百姓生活的"痛点"问题优先得到解决。

③对接部门计划，确保工作顺利开展。

在《副中心街区控规》批复之前，各部门均制定了各自的工作计划。同时，通州区发展和改革委员会也协同各职能部门，编制了《通州区投资项目储备三年行动计划（2019—2021年）》，通过该项目库，指导控规批复前的工作。随着《副中心街区控规》的批复，一些原有项目计划难以满足街区控规的要求，也有一部分项目的内容与街区控规没有较大偏差，且已经开展了大量的前期工作，故已进入立项、审批手续阶段。这些项目凝聚了各个部门以往的大量工作，需要综合考虑进行筛选保留。因此，此次工作还要做好充分衔接，确保项目库的项目在空间范围、实施内容、建设时序上没有冲突，同时，相互形成合力，促进新老城区的更新改造。

北京城市副中心老城更新与双修项目库的实施主体众多，对实操性要求高，因此，在编制过程中要充分结合各个职能部门的实际工作情况，切忌闭门造车、纸上谈兵，既要充分尊重各个职能部门的工作基础、工作方式，考虑实施主体的操作难度，也要发挥规划的统筹引领作用，落实一批需求迫切、高难度、高协同的项目。

（2）突出部门联动，落实项目空间信息

对北京城市副中心老城更新与双修项目库的上百个项目包及上千个实施点位开展项目统筹工作，离不开组织机制的统筹保障与空间技术平台的支撑。

①组织机制的统筹保障。

为了实现项目的统筹与协调，强化组织领导，北京成立了北京城市副中心老城更新与双修实施工作指挥部，负责全面贯彻落实市委、市政府关于老城更新与双修工作的重大决策部署，系统议定和安排重点项目、重点工作；研究决策建设和管理工作中的重大事项、重大政策措施、重要标准和规范、体制机制等；统筹推进、督查考核涉及的重点工作任务，协调解决重大问题；负责市级相关机构与通州区的联络协调工作，以及统筹宣传工作。

指挥部下设办公室，由北京市通州区发展和改革委员会、北京市规划与自然资源委员会通州分局共同负责北京城市副中心老城更新与双修工作的具体协调、布置、督导工作，包括综合实施协调组、政策资金保障组、公服设施改善组、生态环境修复组、规划统筹和人居环境改善组、公共空间提升组等6个工作组。区政府职能部门、属地街道、乡镇等共计36个成员单位，负责按照职责分工，统筹推进北京城市副中心老城更新与双修工作的落实。另外，组建由专家咨询团队、责任规划师团队、规划技术团队组成的总技术团队，以重点项目为抓手，共同推进北京城市副中心老城更新与双修的相关工作。

在北京城市副中心老城更新与双修项目库的构建过程中，采取"三上三下"的方式开展综合协调工作,由指挥部自上而下统筹协调各业主单位和实施主体,将项目落实到具体的责任主体。由责任主体对项目进行包装,对项目的可实施性进行深化研究论证,同时,对遇到的问题进行自下而上的反馈。经过几轮协商互动,最终确定了项目实施计划,保障了总体目标的落实,以及实施主体实际操作的可行性。

②空间技术平台的支撑。

强化项目空间地理信息的准确性是对项目库进行空间统筹的基础。构建项目库实施"一张图",能够优化项目空间资源配置,减少项目之间因空间叠加而带来的各类矛盾,促进多部门在重点空间上形成合力,确保项目后期的实施监管及《副中心街区控规》的落地。此次工作将全部项目在同一空间平台上进行精准落位、叠加,并展开综合评价,通过空间整合对项目的时序与内容进行优化,统一相邻区域各类项目的时序安排,避免同一区域反复施工给城市居民带来不便;按照轻重缓急优化项目时序,确保率先解决百姓生活最"痛点"的问题;科学安排项目,先行实施基础设施建设与留白增绿,为后续项目做好空间预留。

以背街小巷项目库构建为例,原有项目库是由各个街道按照任务指标(每个街道负责10条背街小巷)上报形成的,共计140条背街小巷。技术团队经过空间落位及与其他项目进行叠加分析,梳理出较多问题并进行了调整(图8.5)。首先,结合《副中心街区控规》及现状供地条件,发现控规对近50条背街小巷所在地块进行了调整,这些背街小巷因需要拆除,不建议纳入改造项目,以免造成不必要的投资浪费;10余条背街小巷的公共属性不足,改造需求不迫切,不建议纳入改造项目。其次,对剩余各条背街小巷的环境质

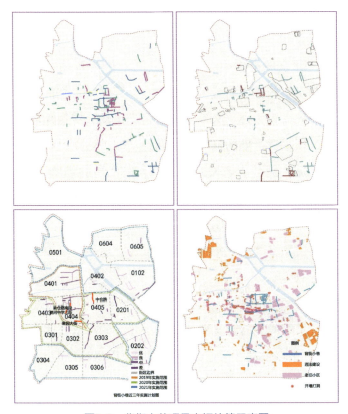

图8.5 背街小巷项目空间统筹示意图

量进行评估,发现人口密集、问题严重的街巷主要集中在3个街区内,因此,调整建设时序,将近期实施重点集中在问题最严重的3个街区;另外,还发现有20余条背街小巷项目可与老旧小区改造、封墙堵洞、拆除违建等项目同步实施,避免在施工中反复干扰居民。经过优化,将70余条背街小巷纳入项目库,从任务总量与投资数量来看都比原计划有所缩减,而从实施效果来看,当前矛盾最突出、问题最严重的背街小巷优先得到了改善,多个项目之间的联动也更加有效率,同时避免了投资的浪费。

（3）突出科学统筹，落实项目时序安排

首先，北京城市副中心老城更新与双修内容体系庞大、覆盖面广，在制定实施框架时应分解步骤、持续做功，把能做的事先做起来，不开展大拆大建、大动干戈的冒进运动。应遵循城市建设的客观规律，依据"近期腾空间、中期补功能、远期促提升"逐步推进，有序实施。此外，老城区是城市人民生活的场所，因此，"城市双修"工作是一项民生工程而不是城市的美化运动，应当遵循经济适用、不铺张浪费的基本原则实事求是地开展工作，选取人口密度大、长期欠账多的区域集中开展一批经济适用的民生项目，并缜密谋划、精细实施。

其次，北京城市副中心老城更新与双修项目的推进既要重视老城区各个系统的完善，又要兼顾各个片区的需求。此次工作坚持"规划引领、重点带动、问题导向"原则，以老城区6个民生组团、17个街区、17个家园中心为依托，逐项分解规划指标，聚焦社区环境、公共服务、市政设施、交通保障、城市风貌、绿地增补、历史文化七大专项领域，总体安排140余个重点项目；划定8个精品实施街区，改变目前"条块分割、各管一摊"的线性工作模式，以片区为基本实施单位，统筹开展老旧小区改造、背街小巷整治、小微绿地增补、公共服务和市政设施建设等各项工作；集中攻克4个重点示范项目，集中力量解决城市的重点问题和突出矛盾，抓住问题突出、带动性强、示范性好的重要节点，合理分配、长期坚持、逐步实施，保障规划的长久效力和实施效果。

（4）突出动态更新，落实项目实施监管

以街区为实施单元，建立动态实施图则。以17个街区为基本实施单元，形成各个街区的动态实施图则，记录各个街区的项目库，包括所有职能部门在各街区属地内的项目计划、在途项目进展、项目完成情况及责任主体的职责清单等；以动态实施图则保障各行政主管部门按照职责牵头落实专项任务，充分提高属地管理部门的工作积极性，切实落实"街道吹哨，部门报道"的工作方式。

①完善项目全过程管理，建立事中、事后监管机制。

围绕重点项目督查、监察、稽查，强化责任追究，进一步优化监管工作机制，严格控制建设资金，严格执行规划实施监督制度，维护规划的权威性、严肃性；加大绩效管理考评力度与监督问责力度，紧盯时间节点，持续进行监督，督促各责任单位按时、按要求完成工程建设任务；建立组团、家园、社区三级体检评估制度，实现"一年一体检、五年一评估"；搭建城市体检评估数据信息库，对北京城市副中心老城更新与双修的各项指标进行定期监测，完善评估反馈机制（图8.6）。

②突出多元主体，落实政府与市场的职责。

为推动老城区旧厂房改造、家园中心建设等重大项目落地，此次工作先后开展了多项针对性强的配套体制机制创新研究。通过《存量工业用地更新政策》研究，重点解决老城区存量工业用地性质调整、市场主体参与机制等问题；通过《老旧厂房改造实施路径》研究，重点解决老城区内现有老旧厂房更新改造过程中的使用功能调整、规划审批流程和路径等问题；通过《家园中心实施机制》研究，重点解决老城区家园中心在供地、建设、运营

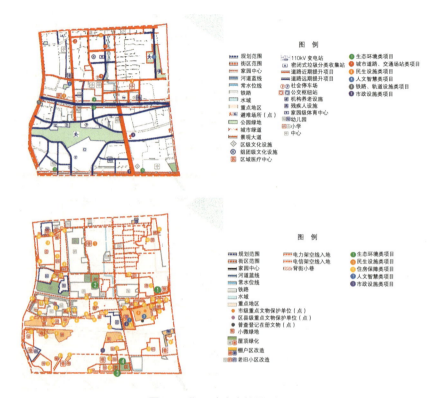

图8.6 街区动态实施图则

管理等方面的问题,构建老城区一站式综合服务中心。通过政策机制的突破创新,探索"政府引导、企业主体、市场运作"的建设模式,形成多元的社会资本引进机制,充分发挥企业在资金、人力等方面的优势,实现北京城市副中心老城更新与双修投资主体的多元化。

2.实施思路与困境

北京城市副中心老城更新与双修项目库包含160余个项目包,总投资800余亿元,计划带动社会投资400亿元。一方面,通过积极争取中央、市级财政及专项债券资金支持，发挥好区级资金的保障作用。按照"成熟一个发展一个"的思路，在家园中心建设、垃圾处理、养老设施配置、停车场建设等方面，通过特许经营、政府购买服务等方式推进政府和社会资本合作，有效吸引、扩大社会资本投资。另一方面，创新城市经营模式，充分发挥国有建设平台公司的市场主体作用，通过采用多种投融资模式，平衡项目资金需求。通过建立北京城市副中心老城更新与双修"跨区域、跨项目"平衡机制，依托平房区棚改项目统筹平衡部分公益性项目的资金需求，形成"政府+企业+社区"的多元化投资体系。

基于以上工作基础，区政府授权某市属平台公司作为实施主体，其在实施中遇到三大困境，即实施主体多头、项目资金缺口大及规划方案难落地。老城双修范围内项目数量多、类型多，行业主管部门多，且涉及的国企、军产、私产等多种产权类型，如以不同主体分别推进实施，后续工作的时序统筹把控难度很大，难以高效地实现副中心规划效果。同时，区域现状资产权属复杂，各产权单位接受市、区、乡镇等多重领导，还要考虑政府、企业、职工、居民、开发商等多重利益，部分产权单位利益诉求与规划功能定位存在冲突，影响规划方案落地。

3.实施原则与路径

基于更新过程中面临的困境，经研究对更新规划方案的实施提出以下原则和具体实施路径：

原则一：区域整体授权。把老城区58.5km²范围内所有项目打包成一个区域综合开发项目，通过一次性招标或其他方式授权主体实施一二级联动统筹工作。

原则二：统筹规划编制和项目实施。通过盘活存量、闲置建设用地，结合腾退土地、楼宇等资源，尽可能多地捆绑拆迁、腾退、公共服务配套设施投资类项目。

原则三：合理分摊项目成本。新建部分可盈利项目、挖掘具有经营潜力的项目，通过销售或持有资产经营作为补充，平衡项目投资，减轻财政资金压力，实现项目更好更快落地。

实施路径一：项目捆绑。主要是指将可盈利重点项目与公共设施、棚改机动指标相捆绑。其中，公共设施鼓励挖掘经营潜力，在保障其正常运营的情况下，兼顾居民基本生活需求，如家园中心的建设。家园中心即为将公益项目与运营项目在同一地块上绑定，土地供给采用市场化建设方式。采用带条件招拍挂的方式获取土地（周边地价的20%），明确出让条件，保障公共服务职能，按B1类商业用地出让，出让年限40年。该地块上项目计容建筑面积的80%不得整体或分割出售。该地块上项目计容建筑面积的45%须具有基础型商业服务功能和公共服务功能。该部分用房的不动产产权须无偿移交家园中心发展有限公司。项目以持有为主，投资回报周期在12年左右。资金不紧张情况下，公司完全持有项目；资金紧张情况下，政府允许在保持基本功能的情况下，转让部分面积，实现资金平衡。

实施路径二：一二级联动+跨区平衡。授权国有平台公司在副中心老城范围内，通过一二级联动的方式，捆绑实施公益性和经营性项目，如还存在资金平衡缺口，可安排区域外其他资源用于弥补投入资金。

截至目前，北京城市副中心老城更新与双修工作仍在如火如荼地开展，随着西海子公园改扩建、"三庙一塔"保护修缮、新华大街改造提升、中仓家园中心改造等一批城市更新与双修项目实施落地，北京城市副中心老城区的生态环境、历史文化氛围、基础设施和公共服务得到明显改善，承接中心城区功能和人口疏解的作用稳步提升。北京城市副中心老城更新与双修项目库仍在动态调整与维护中，希望通过对项目库构建与实施方法的创新，提高"城市双修"规划的实操性，找到规划与实施的衔接点，建立城市更新改造的新范式。

三、片区类城市更新模式的启示

通过以上对两类片区式更新模式的研究，可以看出，在减量提质语境下的城市更新，对企业综合能力的需求进一步升级。首先是以"产业导入"为核心的全产业链条横向延伸，包括策划、设计、建设、运营等，如副中心南大街历史文化街区运营；其次是统筹多元主体协作开发的平台能力，包括与政府、产权人、同行企业、跨行企业之间的协作，如副中心金鹰铜业片区项目与中关村的合作；再次是多类型更新项目的组合开发能力，包括公共服务设施、棚改、历史街区、工业、社区治理等，如副中心片区更新就涵盖了历史街区、工业、棚改等诸多类型项目；最后是紧随政策挖掘试点项目的洞察能力，包括争取试点项目，打造品牌与口碑，如副中心更新中对家园中心、棚改的政策争取。

总的来说，传统的增量开发、就地平衡式更新，通常在政府的引导下由大型的开发商主导开发。增容的方式对于政府而言，一方面可以解决政府的居民安置需求和更新改造需求，又可以通过开发商的投资、建设、运营和产业导入等获得片区的增量收益。而对于开发商而言，以城市更新的名义能以较低的价格获得土地，通过地产开发获得较高收益，通过运营和产业获得超额收益，从而实现更高的利润空间。未来发展的减量提质、统筹资源式更新，通常是在政府统筹、市场主导的多元主体共同推进，通过建立价值转换的思维和长周期的资产管理思维，不同盈利水平项目的捆绑、土地的一二级联动开发、盘活存量资产进行价值提升等综合手段，进而实现片区价值的提升、区域平衡，并获得合理回报。

此外，城市更新规划中的体检评估创新实践也较为重要。近年来，"体检评估"这一概念在规划编制中受到了越来越多的关注，特别是在国土空间总体规划中已经形成了相对完善的体检评估技术框架，包括体检评估的内容、指标体系、监测平台、动态维护与常态化监管问责机制等一系列内容。例如，《深圳城市发展（建设）评估报告2011》中提出"城市体检是综合化、定量化与动态化的规划实施评估，是对我市各层次城市规划（总体规划、专项规划、法定图则等）、公共政策对城市发展的实施效果进行监测与评价，促进与保障各项城市发展目标得到有效实现的重要工具"。2016年初，北京市测绘设计研究院基于地理国情普查与监测工作背景，提出城市体检是空间大数据服务于监测"城市病"和城市精细化管理与决策的一种具体应用。2017年9月，在中共中央、国务院批复的《北京城市总体规划（2016年—2035年）》中，体检评估已经成为重要的内容与亮点，这版总体规划建立了面向实施过程的"一年一体检、五年一评估"实时监测、定期评估、动态维护的常态化机制。每年对总体规划的实施进行"体检"，每五年对总体规划的实施进行全面评估，对城市发展状况、城市规划目标及相关要求的实施效果进行监测、分析和评价。

然而，在法定规划之外的其他类型的规划中，城市体检评估尚未形成明确的要求与完整的技术框架。尤其是在城市更新规划中，城市更新改造地段往往面临着复杂的产权信息与多样的城市问题，更需要细致的规划与治理手段，而这一切都离不开精细化的城市体检评估作为工作开展的数据基础。随着近两年城市更新需求的增长，对于城市更新规划中的体检评估也逐步形成了一些多元的方法，包括徐勤整、厉奇宇等人提出在历史街区更新规划中通过构建"街区诊断"三级指标体系，从人口、功能、交通、风貌空间等方面深入探究街区"病灶"，并试图发掘表象背后的本质问题所在，同时，系统地制定规划工作方案；卓想等人提出通过"城市双修"规划评估，精准查找建成区现状问题，结合国民经济和社会发展计划，细化落实各层级重点实施项目。《智库观察》提出要把城市体检与城市更新有机结合起来，要统筹体检、更新+、"城市双修"，坚持"精致"发展理念，明确优化城市功能、完善公共设施和提升城市品质的目标、要求、策略，细化公共要素配置的要求和内容，实现协调、可持续的有机更新和绿色高品质发展。

1.城市更新规划中体检评估所面临的主要问题

（1）缺乏精细化的量化评估结论

当前城市更新规划中的体检评估采用的分析评价方式仍以主观化、定性化的判断为主，全维度、精细化的分析数据严重缺失。针对城市更新地段的现状情况通常会有部分的总量数据和片段的节点数据，但无法做到对每一个地块进行全样本、全系统的数据收集采样。然而，城市更新涉及的城市专项问题非常多，也许其中的部分专项尚有较为成熟的量化评估方法，但涉及城市各个领域全系统的数据收集与体检评估比较少见，尤其对城市风貌、公共空间等难以量化评判的专项内容更是缺乏精细化的分析判断。

（2）现状信息分散，数据采集不畅

城市更新地段一般建成时间较长、权属情况复杂、历史数据迭代频繁、信息极其庞杂分散。在数据逐步完善的过程中，数据类型多样且规模庞大，很多数据的统计口径、统计时间、统计范围均存在较大的差异，甚至很多基层数据记录尚未信息化。因此，单纯依靠拼凑现有数据很难形成较为全面的城市建设现状数据样本。

另外，目前城市建设往往采用以各职能部门为核心的分散式决策模式，由此导致了相关现状数据分散在各个城市建设主管部门及各类建设单位，信息汇聚不畅，部门之间存在壁垒，数据分散、碎片化的现象非常严重。各职能部门的管理边界、管理范围、管理标准等方面存在差异，导致数据在各个城市建设主管部门内部及部门之间均无法联动，相关信息数据难以在统一空间体系和标准体系下进行评价分析。

（3）缺乏老城区的体检评估标准

城市更新地段位于城市的老城区，而国内现行的各类建设标准规范主要是针对新建区设定的，针对老城区建设的评价标准普遍较为缺失。如果以新建区的标准规范评价老城区的现状建设情况，老城区的各项指标均将大大低于标准规范。且老城区具有空间资源少、人口密度大、建设年代久远等局限性，其公共服务设施、市政基础设施、停车设施等均很难迅速按照新建区标准执行，按照新建区标准评价老城区的建设质量,将不可避免地把未来的规划结果引向大拆大建。

2.城市更新规划中的体检评估技术框架与创新

(1)体检评估技术框架

城市更新规划的目标是指导城市各类更新改造建设,因此,体检评估的技术框架具有其特殊性,在内容、深度、体系、指标等方面与法定规划评估所侧重的内容不尽相同。城市更新规划中的体检评估重点围绕城市各项建设所产生的"城市病"展开,而非法定规划所侧重的社会经济发展、人口与用地规模、各类建设控制红线等内容。城市更新规划是为了补齐城市短板,指导各类更新改造建设的具体实施,是衔接法定规划与实施项目库的关键环节,其最终成果是形成精准的近期行动计划与更新项目库。

(2)体检评估技术创新

①明确数据精度:城市更新规划是指导实施的规划,其数据精度必须能够指导更新地段各层次的规划实施。因此,除城市更新地段整体情况需要总量类的数据支撑外,城市各个专项系统、重要功能组团、街道社区、重点项目的情况分析都需要现状数据支撑。面对不同的城市更新实施主体,更新规划需要分析的现状数据范围各不相同。例如,规划、园林、交通等各领域的主管部门更加关心城市专项系统类型的体检评估;街道、社区等属地管理部门更加关心其属地范围内的体检评估;各类开发建设平台公司关心其项目内的体检评估。因此,若想通过一次性的数据采集

实现多维度的体检评估，必须在前期数据采集时就做到地块级的数据精度。

②构建体检评估体系：

a.强调体检评估指标的综合性与系统性。城市更新是一项综合复杂、系统协同的工作，包括城市更新地段存量用地的更新、生态绿地的修复、历史文化的传承、公共服务设施的织补、人居环境的改善、基础设施的提升、城市风貌与公共空间的塑造等多个领域。老城区内的"顽疾"往往是多项城市系统问题交叉作用而形成的，例如，一条街道的环境问题突出，其原因不仅是两侧建筑立面风貌不佳，还通常与街道两侧的用地功能、交通组织息息相关。因此，必须建立综合性、系统性的体检评估体系，才能深入诊断城市"顽疾"，指导城市各类更新改造建设工作。

b.强调评估指标的适用性与实施性。体检评估不仅要评价是否需要新增设施，还需要评价现有设施是否需要修缮。因为城市更新改造过程中除新增设施与新建用地外，现有设施的提升改善也是城市更新的目标之一，如各类公共设施的改（扩）建、老旧小区的整治、背街小巷的提升等。另外，为了指导城市更新项目库的形成，除了评价现状问题，规划是否具备实施条件也应纳入体检评估范畴。只有对城市现状的供地条件、建设成本、新增设施的需求程度等更新改造难度进行精确判断，才能实际指导更新规划的实施。

③创新调查方法：

a.推动多元主体的参与。城市空间的管理主体、建设主体与使用主体是多元的，其各自的诉求不尽相同，因此，在城市更新规划体检评估中，对待任何一个问题都不能从单一的技术角度出发，片面地去评估分析，而应进行多维度的综合评价。城市决策者制定的战略目标、城市建设主管部门的管理难点、投资开发企业的基本诉求和人民群众的生活"痛点"都应纳入城市体检评估的工作范畴进行综合评估，找到城市问题的主要矛盾与核心症结。因此，城市更新规划中的体检评估工作离不开大量的公共参与活动、调查及企业部门的访谈。

b.创新多元技术的应用。要积极使用各种创新技术，发挥大数据对动态数据批量处理的优势，对职住平衡、交通情况、街道活力、生活性服务业需求等进行评价。同时，对于大数据覆盖不到的地方，应该依托专业优势，通过实地踏勘补充缺失数据，如街道环境风貌、建筑历史价值等都离不开人工判断与专业的技术评估。

c.搭建智慧平台：城市更新规划中的体检评估的数据内容庞大，因此，无论是数据的收集处理还是动态更新都需要智慧化平台来支撑。只有通过空间地理信息技术与数字信息的智慧应用，形成更加直观的体检数据平台，才能有效地指导空间规划建设。另外，通过智慧化平台实现现状数据与项目库的信息联动，实时汇集整理城市建设运营过程产生的各类数据，量化评估各个专项领域中的核心要素与指标，可以为城市管理者提供多维耦合、相互关联、直观可视的管理信息。

第九章·城市更新相关政策研究

一、国家层面城市更新政策分析

改革开放40多年以来，中国的经济从低效率的计划经济转向效率更高的市场经济，随着综合国力显著增强，城镇化率不断提高，2021年我国常住人口城镇化率为64.72%，已经步入城镇化发展的中后期。提升城市质量和活力，是城镇化进入中高发展阶段的必然趋势。城市更新成为新阶段国家关注的重点方向，相应政策的研究制定也在此背景下展开。

1.城市更新政策的时代背景

以人为核心，构筑城市更新战略性布局。"十四五"规划中明确提出实施城市更新行动，是推动解决城市发展中的突出问题和短板、提升人民群众获得感、幸福感、安全感的重大举措。推进城市更新也是践行"人民城市人民建，人民城市为人民"理念的重要抓手。在政府总体统筹布局下，全国的城市更新工作正向其长远性、持续性的规划方向稳步推进，同时不断统筹城市规划、建设、管理等多方面要求，合理确定城市规模、人口密度、空间结构，促进大中小城市和小城镇协调发展。核心省、市积极响应和制定围绕城市更新远景目标的各项政策，注重其与社会、人文、生态、经济的融合发展，逐步建立城市更新的新型可持续发展战略目标。

以产业转型为助力，提升空间优化需求。在新常态背景下，国际上中美贸易战正在加速中国的产业集群与产业结构升级，推进产业链集群和产业生态圈不断改造重塑；国内以经济转型升级推动形成双循环，传统产业转型升级成为我国供给侧结构性改革和建设现代经济体系的重要内容。同时，随着我国社会主要矛盾的转变，人民群众对规划住所的需求已然从"住有所居"转变到"住有优居"。当下全国各重点城市通过城市更新，为产业转型升级提供相应的空间载体和要素平台。通过加快低效片区招商引资力度，促进老旧社区开发建设；积极引入高端、优质产业资源；以城市更新建设的新成效推动实现高质量发展，多措并举破解城市住房及空间优化问题，已然成为城市品质提升的必然路径。

以绿色发展理念为基础，推动城市开发建设方式转型。从党的十七大第一次提出了"生态文明"的概念，到党的十八大将其作为战略任务，党的十九大以来，我国城市发展以"三区三线"的划定及管控，成为构建空间规划体系的重要基本面；加大支持生态文明建设力度，成为我国城市发展的新导向；"双碳"目标下的城市绿色更新，成为新发展之路。在城市更新行动中融入"绿色发展"理念，取缔过去以土地粗放式、规模化开发为主的增量建设，推动"速度城镇化"向"深度城镇化"转变，促进城市更新与绿色生态发展理念紧密结合，提升城市发展质量。

2.城市更新政策制定逻辑

我国要加快形成以国内大循环为主体、国内国际双循环相互促进的新发展格局。在此背景下，城市更新政策是支持更新可持续，激发主体活力的重要支撑。近年来，从国家到地方相继出台了多项政策，通过城市更新，进一步优化重塑产业结构，提升城市发展活力，对加快构建"双循环"新发展格局具有重要意义。从棚户区改造到老旧小区改造，再到提出实施城市更新，中央层面对于城市更新的认识与推动正在不断深入。片区类的老城更新、基础设施更新、工业厂房与商业办公的更新，均是国家下一发展阶段的更新重点。

城市更新政策的核心出发点是平衡各方主体权益，需各方主体形成统一战线，共同做大城市存量空间资产的"蛋糕"，从而进行再分配。随着新时期城市更新内涵的演化变迁，城市更新政策的基本特征已远远超出空间规划层面。城市更新是一个政府、市场、权利主体之间反复博弈、协商和平衡的过程，其核心目标是以市场经济的发展规律为线索，构建中国特色的更新体系，妥善平衡城市更新活动所涉及的不同利益主体的权益主张，获得城市资产价值提升的经济效益与城市生活水平提升的社会效益。因此，政策研究不仅仅局限于更新空间的标准规范，更要多了解国家对不同权益主体赋予的法律权益与责任。

3.全国城市更新政策演化历程

新中国成立初期的中国重点在于解决城市职工的住房问题，大多在城市新区选择建设用地。旧城区的建设采取"充分利用、逐步改造"的方针。我国关于城市更新的政策主要集中在改革开放以后，其历史演化变革主要可分为以下四个阶段：

第一阶段——改革开放之后，旧区改建、小规模起步的低速时期。为解决大量农业剩余劳动力涌入城市、生活环境落后于经济发展等问题，该时期部分城市相继开展大规模的旧城改造和城市功能结构调整，通过推倒重建形成"简单庞大商厦+排排坐单元楼"的规划模式，在市政、管道、建筑、窝棚、贫困人群等方面实施总体整治。1979年，由上海市城市规划设计院、北京城市规划局等9个协作单位共同完成的《现有大、中城市改建规划》研究课题中，涉及旧（古）城保护和改建、旧居住区改造、市中心改建、工业调整等方面的城市更新问题。1980年制定《中华人民共和国城市规划法（草案）》，1984年公布第一部有关城市规划、建设和管理的基本法规《城市规划条例》，并指出"旧城区的改建，应当遵循加强维护、合理利用、适当调整、逐步改造"。期间，涌现出优秀的旧居住区改造项目，北京菊儿胡同住房改造工程获得"世界人居奖"。以"类四合院"体系进行有机更新，对于还处于恢复阶段的城市规划和更新工作，具有重大的指导意义。

第二阶段——20世纪90年代以来，顺应市场机制、投资驱动加速旧城改造。1994年公布《国务院关于深化城镇住房制度改革的决定》，以及1998年单位福利分房正式结束，全国掀起了住宅开发热潮。我国全面实行城镇土地有偿使用制度和住房商品化改革以来，旧城更新借助市场化运作，获得强大的政治经济动力。通过与房地产业、金融业的结合，发挥了"土地级差地租"效益，经济产业的快速发展推动形成以"退二进三"为标志的大范围旧城更新改造。1996年，中国城市规划学会年会召开"城市更新分会场"，并正式成立"中国城市规划学会旧城改建与城市更新专业学术委员会"，进而涌现出早期系统阐述城市更新的理论、方法与实践的著作，填补了我国城市更新研究的空白。

第三阶段——21世纪开始，是政府主推、增量发展的快速时期。自2000年以来，在政府强力推动下，城市更新相关的政策出台数量明显增加，着力开展大规模、大项目建设，改造对象逐步包括棚户区、城中村，涵盖旧居住区更新、老工业基地改造、历史街区保护与整治等多种类型。2004年，我国针对经营性用地出让全部实行招拍挂制度。2007年，《中华人民共和国物权法》的制定出台更加规范了城市更新中的拆迁工作。2009年，国土资源部与广东省开展合作试点，推进节约用地试点示范省，广东省"三旧"改造迈出关键一步，大力推动节约集约用地的先行先试；同年，深圳颁布《深圳市城市更新办法》，使深圳市城市更新走向合法化、合理化的新模式。在这个时期，我国城市更新从理论走向实践，重点关注物质空间环境改造和土地利用经济效益提升，探索构建土地资源保障新机制，通过在原有建成区开展"三旧"改造，优化多元配套政策体系。

第四阶段——2013年以后，注重质量、存量提升的转型时期。以2013年12月召开的中央城镇化工作会议作为标志规划，城市更新强调综合规划，开始探讨如何对城市存量空间开展科学理性、系统多元的规划研究。2014年出台的《国家新型城镇化规划（2014—2020年）》，以及2015年12月召开的中央城市工作会议，标志着我国城镇化发展进入质量提升的战略性调整阶段。"存量规划"成为城市更新的重要技术手段，以相对有限的空间资源和非单一的资金来源，追求人民需求、生态文明等多元导向转化，达到更高的城市发展质量。近年来，国家先后印发《国务院关于加快棚户区改造工作的意见》《国务院办公厅关于推进城区老工业区搬迁改造的指导意见》等重要文件。2016年，国土资源部发布《关于深入推进城镇低效用地再开发的指导意见（试行）》，吸纳广东省"三旧"改造经验并将其上升为国家政策。2019年，《中共中央国务院关于建立国土空间规划体系并监督实施的若干意见》的发布，表明国土空间规划结构已成为各类开发保护、建设活动工作的基础，城市更新在此背景下被纳入国土空间规划的"一张蓝图"中，以编制城市更新专项规划促进多规合一。各大城市结合各地实际情况，从广度和深度上全面推进城市更新工作,在城市更新的实施机制与制度建设方面进行大胆探索与突破,同时,引导投融资的方式也更加丰富。

随着城市更新试点城市的出现,各个城市开始探索适应本地发展需求的城市更新政策,相继发布了城市更新办法、城市更新行动指导意见、实施方案、行动计划等文件,用于构建城市更新的顶层设计。目前,全国各城市的国土空间规划仍有待完善,也将是未来政策出台的重点领域。未来的城市更新,将以人为本、紧紧围绕人民需求,破除仅围绕增量开发扩展空间的局限,致力于更加丰富的更新类型、更加完善的更新理念以及多元化发展更新主体的运行体系,具备盘活土地利用价值、促进产城融合、改善人居环境、优化城市公共服务、保护文化传承等方面的综合价值,使城市更新工作走向科学化、常态化、系统化和制度化。

4.国家城市更新政策概述

2019年12月,中央经济工作会议首次强调了"城市更新"这一概念。2020年10月《中共中央关于制定国民经济和社会发展第十四个五年规划和二〇三五年远景目标的建议》,明确提出实施城市更新行动。城市更新首次出现在国民经济和社会发展五年规划中,奠定了城市更新行动在"十四五"时期经济社会发展的重要地位。2020年11月,住房和城乡建设部部长王蒙徽发表题为《实施城市更新行动》的文章,强调实施城市更新行动的内涵,是推动城市结构优化、功能完善和品质提升的城市建设方式;明确城市更新的目标是建设宜居、绿色、韧性、智慧、人文城市。2020年12月,住房和城乡建设部召开全国住房城乡建设工作会议,部署2021年的八大重点任务,提出要全力实施城市更新行动,推动城市高质量发展。

  2021年城市更新的重要地位再次升级。3月全国两会召开，李克强在会议中做政府工作报告时提出，"十四五"时期要"实施城市更新行动，完善住房市场体系和住房保障体系，提升城镇化发展质量"，未来五年城市更新的力度将进一步加大。从国家战略的高度，不断强化顶层设计，计划逐步建立适用于城市更新的体制机制、管理制度与政策措施，稳步推进城市更新工作持续开展。

  2021年8月，针对各地在积极推动实施城市更新行动中，出现继续沿用过度房地产化的开发建设方式，具有大拆大建、急功近利的倾向，住房和城乡建设部发布《关于在实施城市更新行动中防止大拆大建问题的通知》，一是划出城市更新重要底线，提出了四控的要求：严格控制大规模拆除，原则上城市更新单元（片区）或项目内拆除建筑面积不应大于现状总建筑面积的20%；严格控制大规模增建，原则上城市更新单元（片区）或项目内拆建比不应大于2；严格控制大规模搬迁，鼓励以就地、就近安置为主，城市更新单元（片区）或项目居民就地、就近安置率不宜低于50%；确保住房租赁市场供需平稳，城市住房租金年度涨幅不超过5%。二是保留城市记忆。不随意移迁拆除已经认定的历史建筑、具有保护价值的老建筑，鼓励采用"绣花功夫"织补、修补、更新，保持老城区的格局和肌理，坚持低影响的更新建设模式，延续城市的历史文脉和特色风貌。三是稳妥推进城市更新。加强统筹谋划，坚持城市体检评估先行，不增加地方隐性债务，推动由过去单一的"开发方式"转向"经营模式"，探索政府引导、市场运作、公众参与的城市更新可持续模式。不搞政绩工程、面子工程，更注重补短板、惠民生的里子工程。统筹地上地下设施建设，提高城市的安全和韧性。尤其在社区层面，注重补齐设施和服务短板，建设完整的居住社区。

2021年11月，住房和城乡建设部发布《关于开展第一批城市更新试点工作的通知》，确定了全国第一批21个城市更新试点城市名单。北京市、江苏省南京市和苏州市、浙江省宁波市、安徽省滁州市和铜陵市、福建省厦门市等入选。在区域选取方面，全面覆盖东中西部城市；在城市能级方面，除一线城市外，也覆盖到二三线城市。第一批试点城市陆续开展了城市更新政策研究、机制改革与实践探索。如成都设立公园城市建设和城市更新局，沈阳发布《城市更新管理办法》，唐山建立了更新办法加系列配套政策的"1+N"更新政策体系。不同区域的试点城市正在进行的积极推进，将为我国城市更新发展探索出因城施策的有效模式。

5.全国城市更新政策的发展趋势

截至2021年，城市更新的相关政策主要分为两类：支持类政策和规范类政策。通过对政策进行梳理，判断其趋势主要包含以下方面：

一是目前处于城市更新发展的重要阶段，试点探索机制创新相继开展。"十四五"时期是城市更新行动的重要阶段。"十四五"《规划纲要》提出实施城市更新行动，推动城市空间结构优化和品质提升，明确了"十四五"时期城市更新的目标：完成2000年年底前建成的21.9万个城镇老旧小区改造，基本完成大城市老旧厂区改造，改造一批大型老旧街区，因地制宜地改造一批城中村。2021年《关于开展第一批城市更新试点工作的通知》要求各地因地制宜，探索城市更新的工作机制、实施模式、支持政策、技术方法和管理制度等，形成可复制、可推广的经验做法。

二是城市更新中要防止大拆大建，减弱棚改力度。针对各地在城市更新过程中，继续沿用过度房地产化的开发建设方式而导致的大拆大建、急功近利的倾向，应及时调整工作思路进行精细化转向，改变以往"拆改留"的逻辑，由"拆改留"转变为"留改拆"。按照"留改拆"并举，以保留保护为主的原则，采用绣花织补等微改造方式进行，尽量保持传统的社区生态，避免过度的城市绅士化。2021年8月印发的《关于在实施城市更新行动中防止大拆大建问题的通知》，提出"三限四保"的要求，即：限拆、限新区、限造城；保城、保人、保建筑、保房价租金。在国家"十三五"时期，全国新开工改造棚户区超过2100万套；在"十四五"期间，预计总规模较以往明显缩减。棚改工作虽仍在持续推进，但力度在不断减弱。

三是做好历史文化保护传承工作，推进绿色城市更新。城市更新工作需要回归"以人为本"的治理模式，注重保护具有历史脉络、体现传统特质的历史文化，避免城市更新同质化。2020年，《广州市关于深化推进城市更新促进历史文化名城保护利用的工作指引》明确指出，历史文化保护利用项目可与更新项目组合实施，实行统一规划、统一实施、统一运营。2021年9月3日印发的《关于在城乡建设中加强历史文化保护传承的意见》指出，在城市更新中不破坏传统风貌，不随意更改老地名。在着眼于物质环境建设改造的同时，重视非物质性的文化遗产，促进地方的文化营造，尽可能保护传统的地方特色。在生态文明建设背景下，伴随"碳达峰、碳中和"目标提出，城市建设是落实绿色发展理念的重要载体，城市更新行动必须通过绿色发展理念进行引领。《关于在城乡建设中加强历史文化保护传承的意见》提出，在城市更新中不破坏地形地貌，不砍老树，不破坏传统风貌，不随意改变或侵占河湖水系。实施城市生态修复和功能完善工程，稳妥推进城市更新。

四是在城市更新中注重多方参与，推动"产、城、人"融合发展路径。由政府、企业、社会多方合作的多主体城市更新方式，是推进城市更新的基础与保障，有利于形成"共建、共治、共享"效应，降低城市更新的投入成本。2022年，北京城市更新联盟成立，并联合发布《北京城市更新联盟倡议书》，倡议社会成员全面参与城市更新工作。注重多方的参与、权力与利益的平衡，探索城市更新中的新型投融资模式；注重公众的参与，营造真正满足市民需求的城市环境。以城市为基础，为发展产业经济提供空间；以产业为保障，驱动城市更新和完善服务配套，形成"以城聚产、以产聚人、以人兴城、产城人融合"的发展模式。

二、城市更新政策六大维度分析

当前国家尚未出台全国城市更新纲领性文件，各地城市更新办法基于各地方具体问题制定，管控内容和管理思想尚未统一。但是在城市更新项目实施过程中，更新政策的导向指引与组织体系、审批流程、产业支持、财金支持、供地方式、规划指引这六个维度是其核心内容。

▐ 1. 制定导向指引，明确城市更新类型

导向指引是指城市须有明确的政策，指引各相关部门积极推动

与支持城市更新。本书所分析的基础设施类、片区开发类、商业及工业类更新均属于城市更新政策涉及范畴。

目前已出台城市更新政策的一线城市：上海、广州、深圳及北京均有完善的导向指引。当前，北京市城市更新项目多以政府为主导，完全由市场主体参与的项目数量较少，多数项目以政府财政和市区级国有企业资金为主。上海、广州、深圳的更新条例中都明确了市场主体参与城市更新的方式。计划体系构建方面，上海采取区域评估+实施计划+城市更新单元的更新计划体系；深圳的城市更新规划计划体系主要由市城市更新专项规划、城市更新单元计划与单元规划组成。运作体系构建方面，上海、广州、深圳在分区控制与指引方面、公共要素清单与政策激励方面、更新地区保障性住房配建方面、配建创新型产业用房方面、移交公益用地方面都做出了明确要求。

2. 明确管理流程，确定更新主责部门

明确体系指城市须有更新组织牵头部门，成立城市更新专项工作组，明确城市更新的导向、目标与原则。国内出台城市更新法规的城市均通过立法形式明确了城市更新任务的承担部门。如上海市城市更新办公室设在市住房城乡建设管理部门，并设立城市更新中心；深圳市设立城市更新和土地整备局，由深圳市规划和自然资源管理局统一领导和管理；广州市住房城乡建设行政主管部门是城市更新工作的主管部门，坚持政府主导、市场运作、统筹规划、节约集约、利益共享、公平公开。北京市明确了规划引领，民生优先；政府推动，市场运作；公众参与，共建共享；试点先行，有序推进的原则。其他二线城市也均表明要以政府主导、市场运作、规划统

筹为原则，明确更新体系。

审批流程指城市须针对城市更新建立相应的项目审批机制，下放审批权限，简化审批程序。针对重大项目开辟绿色通道，实行并联审批，限时办结等机制，压缩审批时间，提高审批效率。多市均出台法规优化审批流程，上海市与广州市对于符合更新要求的项目简化步骤、明确规定。如上海市在区域更新方案认定后，建设单位应依法办理立项、土地、规划、建设等手续；区域更新方案需要审批时，相关部门应当按照"放管服"改革以及优化营商环境的要求，进一步优化、简化审批流程，提高审批效率。广州市的片区策划方案和项目实施方案可以同步编制、同步联审，同步提交市城市更新领导机构审定。长沙市规定，更新片区的外部规划条件发生重大变化，但未突破规划底线时，可优化规划指标设置，调整后的更新片区策划方案与规划修改意见上报市规委会审查。

▶ 3. 做好统筹规划，支持片区综合更新

统筹规划指政府对存量空间合理利用、统筹协调、制定城市更新专项规划，规划管理方面适当放宽规划指标、合理调整和转换土地用途和用地性质等，鼓励探索异地平衡、跨项目平衡、开发运营一体化。上海、北京与广州对于片区内异地平衡与容积率转移等均做了完整的说明，针对片区类城市更新、历史文化街区更新与老旧小区更新三个方向放宽政策。

城市更新过程中，由于保护历史风貌或者保持城市机理等原因，很多更新项目无法满足建筑退让、建筑间距、消防规范等要求，使得更新项目难以推进。上海和广州的《城市更新条例》针对

这一情况适当放宽标准规范。如上海规定："因历史风貌保护、旧住房更新、重点产业转型升级需要，有关建筑间距、退让、密度、面宽、绿地率、交通、市政配套等无法达到标准和规范的，有关部门应当按照环境改善和整体功能提升的原则，制定适合城市更新的标准和规范。"广州规定："微改造项目在保持城市肌理和传统风貌的前提下，建筑退让、退界标准不低于现状。建筑间距可以按照现行规划技术规定折减10%，或者不低于原有建筑的建筑间距。"北京规定："对于符合规划使用性质正面清单，保障居民基本生活、补齐城市短板的更新项目，可根据实际需要适当增加建筑规模。增加的建筑规模不计入街区管控总规模，由各区单独备案统计。"天津规定："放宽规划指标。各类更新改造项目经充分论证后可依法依规适当放宽容积率等规划指标，允许建筑高度适度提高，但各类用地容积率原则不应突破《天津市控制性详细规划技术规程》要求。在满足安全、环保要求前提下，增加非独立占地的公共服务设施、市政基础设施的建筑规模可不纳入地块容积率计算。"重庆、成都、长沙等二线城市对于公共空间的城市更新均有类似容积率可转移的规定。

▶ 4. 配套产业政策，支持更新招商引资

产业支持指着力提升产业结构，推动产业转型升级；支持发展智能制造、科技创新、文化等产业，同时予以政策支持。在产业支持方面，上海市主要针对工业与商业更新出台政策与建议，天津市针对历史文化街区和基础设施给予一定指引。

对符合要求的产业额外给予规划、供地、财金等政策支持。在产业支持方面，仅上海市对于产业发展以及促进创新产业结构

等方面进行了规定。如上海市鼓励存量产业用地可根据区域功能定位和产业导向进行更新，通过确定合理的开发强度、创新土地收储管理等方式，完善利益平衡机制。鼓励产业空间高效利用，根据资源利用效率评价结果，分级实施相应的能源、规划、土地、财政等政策，促进产业用地高效配置。如天津市针对城市建成区及其他市人民政府确定的城市重点区域，进行了包括城市空间结构调整、城市生态修复和功能完善、历史文化保护和城市风貌塑造、城市基础设施建设、新产业新业态融合发展等规划建设活动。成都市要求各区政府（管委会）可与实施主体商议，结合城市规划、产业规划，综合产业功能、区域配套、公共服务等因素，将项目功能、建设计划、运营管理、物业持有、持有年限和节能环保等要求，纳入与实施主体签订的履约协议书进行监督管理。

5. 提供财金支持，提供更新基础保障

财金支持是城市更新市场化运作的重要保障。上海等市的市政府在财金支持方面主要支持旧区改造、老旧小区更新以及涉及公共利益的其他城市更新项；对于城市更新专项基金等社会资本参与城市更新的种类，没有具体规定。在城市更新范畴内的城市建设方向，均可利用多种融资渠道。

财金支持主要指市政府给予城市更新项目行政事业性收费减免、税收优惠、贷款贴息等支持，是企业参与城市更新的财金制度保障。同时政府还需积极引入社会资本参与城市更新，鼓励利用国家政策性金融工具筹集资金。各市均可对城市更新所需要的资金给予政策支持，上海市支持金融机构创新多种融资渠道，鼓励通过

发行地方政府债券等方式，筹集改造资金。鼓励金融机构依法开展多样化金融产品和服务创新，满足城市更新融资需求。北京市则采用鼓励社会资本参与的政策支持方式，北京市的城市更新所需经费涉及政府投资的主要由区级财政承担，各区政府应统筹市级相关补助资金支持本区更新项目，同时鼓励市场主体投入资金参与城市更新；鼓励不动产产权人自筹资金用于更新改造；鼓励金融机构创新金融产品，支持城市更新。重庆市表明市、区政府应当加强对城市更新的财政投入，加大政府专项债券对城市更新的支持；鼓励积极利用国家政策性金融和市场金融对城市更新的支持，探索信贷金融新产品；积极引入各类社会资本，探索设立城市更新专项基金；合理引导居民出资参与更新改造。广州、成都、长沙、南京、无锡等地均发布政策设立城市更新专项资金，扩大资金投入，吸引社会资本参与。

6. 积极灵活供地，盘活更新价值资源

灵活供地是指地方通过出台政策为城市更新土地的供应提供多种方式。例如，允许通过划拨、协议出让等方式出让部分城市更新项目用地。在灵活供地方面，上海市主要支持旧区改造、老旧小区更新以及涉及公共利益的其他城市更新项；北京市与深圳市主要支持工业、商业更新项目，允许采用建筑面积分成，移交公益性用地或物业等方式补缴土地出让金。

北京、上海与深圳均采取不同规定促进灵活供地，支持城市更新土地盘活。上海为激发市场主体参与的积极性，提出了有条件增加建筑量、土地组合供应、更新项目差异化标准规范、成立城市更新基金等支持措施。深圳提出了协议出让土地、容积率奖励、差异

化地价标准等支持政策。北京规定更新项目可以依法划拨、出让、租赁、作价出资（入股）等方式办理用地手续。代建公共服务设施产权移交政府有关部门或单位的，以划拨方式办理用地手续。经营性设施以协议或其他有偿使用方式办理用地手续。

第十章 · 中国交建特色城市更新的探索

一、业务探索背景

当前，我国的城镇化已经从高速增长转向中高速增长，进入以提升质量为主的转型发展新阶段。"十四五"规划明确提出"实施城市更新行动"，对进一步提升城市发展质量做出了重大决策部署，城市更新已上升到国家战略层面；党的二十大再次强调"实施城市更新行动"，坚持人民城市人民建、人民城市为人民，提高城市规划、建设、治理水平，加快转变超大特大城市发展方式，加强城市基础设施建设，打造宜居、韧性、智慧城市。未来城市将是一个各子系统生长、融合、迭代的有机生命运行体，全面建设宜居城市、绿色城市、韧性城市、智慧城市、人文城市是城市发展的总体目标，也是当前实施城市更新行动的主要方向。

▼ 1.我国城市更新呈现出从单一项目更新向片区更新转变的发展趋势

随着我国城市更新行动的推进，城市出现了更新"碎片化"、补短板难推进、投资收益不平衡等问题，为积极应对这些显现出来的问题，目前我国城市更新呈现出从单一项目更新向片区更新转变的发展趋势。片区更新总体来看有两种模式——"增量开发就地平衡式"更新和"减量提质统筹资源式"更新。其中，"增量开发就地平衡式"更新是依靠地块建设量增加来实现片区更新资金的平衡，其开发模式类似片区综合开发，以广州、深圳为代表的全国多数城市都在采用这一更新模式。这类更新通常是在政府的引导下由大型开发商主导开发，通过增容来实现政府、开发商、原住居民三方收益，因收益来源较为清晰明确，市场化主体具有较强参与意愿。

"减量提质统筹资源式"更接近片区有机更新，是在国家层面减量提质政策背景下促使城市更新模式转型的尝试，也是城市发展演进的必然趋势。这类更新多由政府统筹、市场主导的多元主体共同推进，通过建立价值转换思维和长周期资产管理思维、不同盈利水平项目的捆绑、土地的一二级联动开发、盘活存量资产进行价值提升等综合手段，来实现片区价值的提升并获得合理回报。

2.片区统筹式更新对实施企业的综合能力提出了更高的要求

在我国减量发展的背景下，增量平衡式更新受到越来越多的制约，片区统筹式更新将成为我国未来片区更新的主要模式，但由于片区统筹式更新涉及内容更为复杂与综合，使得推进中面临着统筹协调不到位、审批流程不顺畅、参与机制不明确、投融资方案难落地、政策体系不完善等诸多问题。这使城市更新行动对企业综合能力的要求也进一步升级，首先是全产业链条服务的能力，包括策划、设计、建设、运营等；其次是统筹多元主体协作开发的平台能力，包括与政府、产权人、同行企业、跨行企业之间的协作；最后，是多类型更新项目的组合开发能力，包括公共服务设施更新、棚户区改造、历史街区和工业更新、社区治理等。

3.中国交建是具有全产业链优势的特大型基础设施综合服务商

现阶段我国的城市更新项目仍以政府主导为主，市场力量参与不足，更缺乏市场参与城市更新的成熟模式与样板，亟需有实力、有担当的企业进行开拓与改革。中国交通建设股份有限公司（以下简称"中国交建"）是全球领先的特大型基础设施综合服务商，主要从事交通基础设施的投资建设运营、装备制造、房地产及城市综合开发等业务。中国交建作为同时具有国际视野广阔、资金优势显著、工程经验丰富、资源聚合力强、政商基础坚实等优势的中央企业，目前已经在城市综合开发运营领域具有显著的央企品牌优势，具备从投资融资、咨询规划、设计建造到管理运营的一体化服务能力。

中国交建作为央企代表，一直以来坚持助力社会建设、赋能城市发展、为人民谋幸福，在城市建设方面积累了大量的经验模式与专业技术，从筑港通航到修路架桥，从设施建设到乡村振兴，是"大交通"建设的国家队，也是"大城市"发展的主力军。中国交建积极响应并深度参与我国城市更新发展战略，从城市片区开发到城市有机更新，从城市建设到城市经营，以大国央企的责任担当，肩负起助力城市腾飞、赋能城市发展的重任。

二、"全域型"城市更新模式的探索

1. "全域型"城市更新理念的提出

2022年7月12日，住房和城乡建设部总工程师李如生在首届北京城市更新论坛上表示，北京市是第一批城市更新试点城市，全国首个减量发展的城市，希望北京积极探索超大城市减量发展背景下城市更新的路径方法，为实施城市更新行动贡献更多的北京经验、北京模式。北京市副市长隋振江亦表示，坚持以北京城市总体规划为统领，以推动新时代首都发展为方向，努力探索适合首都特点的城市更新之路。北京在"十三五"时期进行了城市更新领域的率先尝试，在老旧小区改造中探索出"劲松模式"和"首开经验"，在园区更新领域探索出低效产业园区腾笼换鸟的"亦庄模式"，这些独特且有效的更新经验与模式，作为我国城市更新的示范模式正逐渐向全国推广。

片区统筹式更新是我国城市更新下一发展阶段的主要模式，但目前我国此类实践经验较少。中国交建作为北京市城市更新的市场化参与主体之一，充分响应北京市政府、石景山区政府的号召，参与实施北京市石景山西部地区城市更新，积极探索减量提质、片区统筹式城市更新的新模式，并以此项目为基础，系统分析了目前我国片区统筹式更新面临的三大问题：一是在片区统筹更新实施过程中，地方城市更新的政策法规、立法条例还不完善，社会资本参与存在一定壁垒，协调多元主体同步参与实施更新存在一定难度；二是片区统筹类更新投资量大、回报周期长，探索多渠道筹措资金模式成为更新过程中的重点和难点，需要在单个更新项目资金筹措模式的基础上提出新的改善性模式，要兼顾新模式的可复制性与可参考性，同时探索多类型融资模式的组合应用；三是目前更新专项规划与实际更新投资测算缺少有效衔接，规划设计单位在做片区更新规划时更注重空间层面的规划，缺少在整体层面从投资运营收益角度对片区的投资和长期运营动态收益进行的分析，导致市场化主体实际操盘时如果按规划实施会出现算不过来账的问题，从而打击市场化主体参与城市更新的积极性。

针对片区统筹式城市更新在各领域的优势和面临的实操性问题，中国交建依托石景山西部地区城市更新项目，秉持"城市运营总承包商"的经营理念，以城市资源价值化为基本点，首次突破传统狭义的以老旧小区及厂房改造、低效楼宇更新等为主要内容的城市更新理念，将城市更新内涵扩展至城市片区的空间结构调整、产业结构升级、土地资源整理、生态环境提升、区域功能重塑等多个方面，创新提出中国交建特色的"全域型"城市更新模式。

2."全域型"城市更新模式的内涵

"全域型"城市更新模式着重化解城市更新中政府财政能力弱和社会资本盈利难的商业痛点，本质可以概括为"大范围的全域要素平衡是前提，城市资源的再认识是核心，城市的持续运营是关键"。"全域型"城市更新模式强调，只有在区域统筹基础上才能达到投资收益平衡，要通过充分挖掘数据资源、文化资源、存量资产等传统与非传统资源并进行持续运营，从而实现全域资源高效利用及持续焕新。

"全域型"城市更新内涵具体表现在5个方面：

（1）"全要素"评估。将城市作为有机生命体，建立和完善城市体检评估机制，按照住房和城乡建设部最新公布的2022年城市体检指标体系，从生态宜居、健康舒适、安全韧性、交通便捷、风貌特色、整洁有序、多元包容、创新活力8个方面内容，进行更新片区的全要素问题诊断，综合评价区域发展建设状况，深度识别城市痛点并有针对性地制定对策措施。

（2）"全资源"统筹。城市资源包括自然资源、社会资源、文化资源、科技资源、大数据资源等一切可被开发和利用并产生效益的物质和信息。在"房住不炒"及土地财政难以为继的背景下，"全域化"更新突破传统的单一平衡来源模式，以全资源统筹为核心，更加注重对城市资源的梳理、评价、挖掘和利用，在全面梳理和盘点城市资源的基础上，评价和挖掘各类资源的潜在价值，合理制定开发模式和组合策略,从而实现城市资源的高效利用与价值转化。

(3)"全领域"规划。以建设宜居、绿色、韧性、智慧、人文城市为总目标,树立全局思维和系统观念,更加强调城市的综合治理,不仅要将更新单元从传统的项目、社区、街道等点状更新,延展至整个大片区的综合更新,同时还要实现城市空间结构调整、功能完善、生态修复、文化保护、产业升级和新基建等更新领域的全覆盖。以"全领域"规划为引领,制定从模式策划、投融资、设计施工、产业运营到资本运作等领域的一揽子解决方案,推动城市高质量发展。

(4)"全周期"策划。以新发展理念为指导,在整体打包、项目统筹、综合平衡的"全域型"城市更新模式下,面向总体目标开展片区的分期、分步、分阶段更新策划,厘清各子项目与整体项目以及各子项目之间的逻辑关系,按照"肥瘦搭配"的原则,科学谋划各子项目的全周期开发思路,全面统筹策划、设计、投资、建设、运营等项目全过程,以运营作为关键点,并积极贯彻新政策、新理念和新要求,动态进行项目的再策划、再设计、再升级,通过提升自身运营能力,将评估后的资源价值最大化,最终实现项目综合利益最大化。

(5)"全社会"参与。城市更新涉及多元权利主体,要积极践行"人民城市人民建,人民城市为人民"的重要理念,以共建、共治、共享为准则,探索"政府引导、市场运作、公众参与"的全社会参与模式,积极推动自上而下的政策传导与自下而上的需求主导有机结合,通过构建多元共治的协调机制,实现资源再分配过程中的利益平衡,进而提高各类主体参与城市更新的积极性、主动性。

"全要素"评估

依照城市体检评估机制,进行全要素问题诊断,深度识别城市痛点并制定针对性措施

"全资源"统筹

全面盘点城市资源,对资源进行评价、价值挖掘及导入,定制开发模式和组合策略

"全领域"规划

进行城市更新各领域全覆盖的片区综合更新,制定更新业务一揽子解决方案

"全周期"策划

开展分期、分步、分阶段更新策划,全面统筹项目全过程,动态进行城市更新

"全社会"参与

落实城市更新共建、共治、共享,推动自上而下的政策传导与自下而上的需求主导有机结合

图10.1 全域型城市更新模式内涵

3.中国交建在"全域型"城市更新中的定位

中国交建作为城市投资运营商中的央企力量,应充分发挥城市发展规划者、专业投资建设者、综合运营组局者及城市资产管理者四大功能,以全方位的姿态参与到我国的城市更新市场中,找准自身的角色定位,为城市更新提供区域整体规划服务、投资建设服务、资产配置服务、综合运营服务等大城市综合解决方案,延续"城市服务总包商"定位,积极探索大城市"片区开发式"到"全域统筹式"更新的转变。

(1)城市发展规划者。发挥中国交建"大交通、大城市"的全产业链服务优势、中交投资的资金优势、体制优势、履约优势,从区域发展需求和禀赋出发,以构建产业生态和满足人民美好生活场景为目标,统筹多种专业规划。

(2)专业投资建设者。基于中国交建在港口、公路桥梁、疏浚、工程承包等领域的全球领先地位,发挥在路、桥、港、岛、城等领域专业投建优势,在专长领域逐步开展股权投资,引领资本到关键领域及重点行业。

(3)综合运营组局者。中国交建充分发挥央企优势,形成了独具中交运营管理特色的创新经营管理模式。致力于构建多类城市基础产品运营能力,自持优质资产并获取运营收益,兜底低效资产并满足人民需求,发挥央企在处理政府与市场、社会的关系中融通协同和引领作用。通过搭建城市资源合作平台、打造合作生态的方式来凝聚和服务合作伙伴,聚合产业资源,整合价值链,引导企业抱团发展。

(4)城市资产管理者。创造美好生活的社区、商企、城市空间运营，并从"对物的管理"延展至"对人的服务"和"对企业的服务"，识别、判断、代表国资配置部分优质资产，使资产常用常新，保值增值。

三、"全域型"城市更新的数字化解决思路

"全域型"城市更新模式可以全面系统地破解现阶段城市更新中存在的各类问题，但"全域型"城市更新在空间、时间、领域和系统上所涉及的内容都十分庞杂，需要一套更为完整高效的科技手段和数字技术来支撑"全域型"城市更新的有序推进，逐步激活原有的城市空间，驱动生产、生活和治理方式的整体变革，转变城市发展方式，推动城市治理体系和治理能力现代化，从而不断实现人民对美好生活的向往。因此中国交建提出了城市更新的数字化解决思路并推动实践，改变过去依赖人为修复和经验判断的传统路径，运用数字化平台实时展现、管理和评估城市焕新的全过程，更好地推动城市更新的可持续发展。

1.全域孪生城市更新一体化智慧平台

以共商、共建、共享为原则，搭建"一城一策"的全域孪生城市更新一体化智慧平台，即依托GIS（地理信息系统）、BIM（建筑信息模型）、CIM（城市信息模型）等数字化手段，融合人工智能、5G、云计算、大数据等新一代信息技术，开展全域高精度三维城市建模，构建可视化城市空间数字平台，通过建设城市数字底座，打造城市智能中枢，以城市更新数智评估系统、空间规划共生管理系统、全生命周期云支持系统和城市运营生态协同系统为支撑，推

进数字产业和城市更新业务的一体化融合，打造线上线下的数字孪生空间和场景载体，形成推动产业数字化转型升级的应用场、创新场、活力场。

2.四大应用系统

(1) 城市更新数智评估系统

充分利用数字化的数据集成、深度分析、智能监测等特点，利用城市更新数智评估系统，综合评价更新片区的城市发展建设状况，有针对性地制定对策措施，并实时跟踪更新成效，形成"体检—诊断—规划—建设—评估"的全周期城市体检工作闭环体系。具体应用如下：

①城市体检、健康指标；

②资源图谱、效能评测；

③运行监控、精准治理；

④更新评估、综合分析。

(2) 空间规划共生管理系统

充分利用数字化的模拟仿真、智能规管、可视化管理等特点，利用空间规划共生管理系统，开展以模型构建、方案优化和场景展示为核心的数字规划，引导多方参与共同进行全域更新空间方案的价值管理，发挥模型中台的作用推动智慧场景落地。具体应用如下：

①蓝图展示、民意调查；

②方案征集、模拟比选；

③技术复核、规划审批；

④实景比对、建设管理；

⑤信息公开、公众监督。

（3）全生命周期云支持系统

充分利用数字化的生成辅助、数据贯通和物联网等特点，利用全生命周期云支持系统，以正向设计和运营前置为导向，统筹立项策划、投资、设计、建设、运营等各项目管理的全过程，实现项目管理数据的集成、共享和协同，进一步提升管理效能。具体应用如下：

①立项支持、可研辅助；

②投资支持、资金募集；

③设计支持、专业协同；

④建设支持、降本增效；

⑤运营支持、资源共享。

（4）城市运营生态协同系统

充分利用数字化的区块链、资产管理和产融协同等特点，利用城市运营生态协同系统，以消费升级和产权交易等手段，对城市运营进行重构、激活、迭代，建立以价值创造、增值分享为核心的共生机制，逐步构建城市运营的价值网络和企业经营信用体系。具体应用如下：

①资源数据、管理协同；

②交通运力、调度协同；

③产业升级、发展协同；

④能源管理、碳排协同；

⑤数据资产、价值协同；

⑥金融服务、产融协同。

四、"全域型"城市更新的实践进展与成效

中国交建作为北京市石景山西部地区（五里坨、广宁街道全域）城市更新的统筹平台，在石景山西部地区更新中对"全域型"城市更新模式进行了充分探索，该片区城市更新也取得了一定的进展和成效。

1.基本情况

石景山西部地区自然生态本底优良，区域内绿化面积约21平方公里，整体绿化覆盖率超67%，地处永定河绿色生态发展带，同时文化底蕴深厚，京西古道历史悠久，是石景山区最具发展潜力的地区。但目前项目面临城市基础设施不足、待拆迁改造任务重、整体产业规模较小等发展瓶颈，亟待进行城市更新，改善城市基础与产业经济发展。在城市更新重视"以人为核心"和"高质量发展"的背景下，石景山西部地区迎来了后冬奥时代的城市更新行动和基础设施建设发展时机，借助城市更新行动、北京市西城区及海淀区产业外溢、西山永定河建设、TOD交通建设等多重机遇，发展前景可期。

2.总体策划

中国交建基于前期大量的调研分析和问题研判，将石景山西部地区城市更新总体定位为石景山生态智慧城，结合资源要素及区

域特征将片区划分为五大更新组团，即先行示范组团、山水文旅组团、TOD综合组团、双碳产业组团、品质公服组团，按"三年起步，五年发展，十年成熟"的计划，分区、分步、分类实施。充分发挥中国交建全产业链及外部资源整合优势，积极构建"1+2"的产业格局，即一大先导产业——文化旅游，两大主导产业——高端服务和智慧经济。通过智慧赋能山水、人文、产业，打造"三个典范"，即以生态为基，打造西山永定河生态保护及价值利用典范；以文化为魂，打造古道文化传承及北京微度假目的地典范；以产业为核，打造国家级产业转型及双碳经济发展典范。片区更新始终坚持"三个优先"原则，即生态优先、市政优先、公共服务功能优先，完善片区配套，提升功能品质，让区域价值提升，城市品质蝶变，助力高质量发展。同时，凭借中交自身经营管理优势，挖掘并梳理城市资源，创建"中交营""中交汇"等品牌，高效盘活城市存量、做优增量，通过资产运营提升资源价值，最终实现中国交建对城市资源的精细化和高效综合利用。

3.实施路径

基于石景山西部片区城市更新的实践探索，将为片区统筹式更新赋予更多新内涵，将片区统筹式更新逐渐放大到"全域型"城市更新。伴随石景山区更新项目的推进，结合"全域型"城市更新模式的内涵，中国交建提出"一个平台、一个打通、两个工具、一个链条"的城市更新实施思路，推动减量发展背景下的片区统筹式城市更新。

其中，"一个平台"是指搭建合作平台，梳理、挖掘和整合区域内的各种要素和资源，创新商业模式，构建产业生态系统，统筹

第十章 中国交建特色城市更新的探索

文化月映 古道文化传承及北京微度假目的地 典范

产业月耀 国家级产业转型及双碳经济发展 典范

生态月美 西山永定河生态保护及价值利用 典范

图10.2 石景山西部地区城市更新总体定位

243

各种专业公司，聚集各类专业人才，为片区更新提供全方位、立体式、一站式的综合服务。"一个打通"是指打通多元主体参与片区更新的路径，吸引更多的社会资本参与城市更新，打通政府、企业、市民多元共建、共治、共享、共赢的参与路径。"两个工具"是指规划工具与金融工具。规划工具是通过编制片区统筹实施规划，跳出地块限制，统筹多元的城市资源要素，达到片区产业结构、人口结构、资金结构以及规划指标疏密结构的平衡，最终实现片区的经济结构平衡与多方价值平衡；金融工具是通过组合式的资本操作，包括基金化的土地整备、长期贷款的支持、退出环节的证券化运作、建立城市更新基金等举措放大片区的长期价值。"一个链条"是指针对片区更新对"投建营"服务能力要求的不断提升，构建从高站位策划、规划到全过程建设管理再到全周期运营的全产业链条，提供全产业链的服务。

目前石景山西部地区城市更新项目正在逐步实施中，也将持续探索"全域型"城市更新模式的实施路径与步骤，逐步实现市场化主体参与城市更新的一种可行性模式，该模式将为城市更新的实践之路提供全新的解决方案。

参考文献

[1] 唐燕，杨东，祝贺. 城市更新制度建设——广州、深圳、上海的比较 [M]. 北京：清华大学出版社，2019.

[2] 陶希东. 城市更新：一个基础理论体系的尝试性建构 [J]. 创新，2017，11（4）：16-26.

[3] 李晓颖，王浩. 城市废弃基础设施的有机重生——波士顿"大开挖"（The Big Dig）项目 [J]. 中国园林，2013，29（2）：20-25.

[4] 董贺轩，刘乾，李双婷. 城市灰绿两色基础设施整合下的大型公共空间建设——从波士顿经验到当代实践 [J]. 中国园林，2017，33（10）：113-118.

[5] 陈婷. 高速公路服务区转型期的设计思维探索 [J]. 产业与科技论坛，2020（2）：46-48.

[6] 韩斌，杨子奇. 城市高架桥下空间利用策略研究——以宁波高架桥下潘火体育公园为例 [J]. 设计艺术研究，2021，11（5）：76-80.

[7] 宋杰. 世茂深坑酒店首次揭开面纱 [J]. 中国经济周刊，2017（44）：66-67.

[8] 秦雯，钱锋. 线性空间作为高密度环境下城市地景的启示——以高线公园和首尔清溪川为例 [J]. 城市建筑，2021，18（1）：177-182.

[9] 冷红，袁青. 韩国首尔清溪川复兴改造 [J]. 国际城市规划，2007（4）：43-47.

[10] 程方. 韩国清溪川生态修复研究及启示 [J]. 水利规划与设计，2022（3）：67-70.

[11] 刘婷. 城市内河水环境综合整治经验与启示——以韩国清溪川复兴实践为

例[J]. 重庆建筑, 2021, 20（8）: 27-29.

[12] 张谨. 毕尔巴鄂复兴: 最为有趣的成功故事[J]. 北京规划建设, 2004（4）: 134-139.

[13] 胡柳. 古根海姆博物馆运营模式初探[J]. 商场现代化, 2009（2）: 103-104.

[14] 张婷. 建筑为媒——古根海姆博物馆的品牌营销策略[J]. 世界建筑, 2010（3）: 127-131.

[15] 西尔克·哈里奇, 比阿特丽斯·普拉萨, 焦怡雪. 创意毕尔巴鄂: 古根海姆效应[J]. 国际城市规划, 2012, 27（3）: 11-16.

[16] 厉无畏. 文化创意产业推进城市实现创新驱动和转型发展[J]. 福建论坛（人文社会科学版）, 2013（2）: 11-16.

[17] 苏海威, 胡章, 李荣. 拆除重建类城市更新的改造模式和困境对比[J]. 规划师, 2018, 34（6）: 123-128.

[18] 崔海涛. 劲松模式: "五方联动"改造老旧社区[J]. 中国物业管理, 2022, No.232（7）: 34-36.

[19] 杨帆. 民营资本参与老旧小区改造的"劲松模式"[J]. 城乡建设, 2022（11）: 60-63.

[20] 施媛. "连锁型"都市再生策略研究——以日本东京大手町开发案为例[J]. 国际城市规划, 2018, 4.

[21] 大成建设株式会社一级建筑师事务所. 都市空间的新形态[J], 北京: 风景园林, 2018, 10.

[22] 张璐. 高速公路旅游型服务区设计研究[D]. 中国建筑设计研究院, 2017（8）: 165.

[23] 骆华文. 深圳市城中村改造综合整治与拆除重建模式比选研究[D]. 深圳大学, 2018.

[24] 安垚. 周期长、难度大 10万亿城市更新市场房企准备好了吗?[EB/OL]. 央广网. 2021. https: //baijiahao.baidu.com/s?id=1706606697548075701&wfr=spider&for=pc

[25] 聂静.匡健锋：城市更新不只要关注物理建筑层面更要关注消费活动创新[EB/OL].新华网.2022.06.10. http：//www.xinhuanet.com/house/20220610/ae1b072c5569441eb47a83cb822d840b/c.html

[26] 赵展慧，寇江泽，常钦."十三五"期间,我国棚改累计开工两千三百多万套——住有所居喜圆梦（"十三五"，我们这样走过）[N/EB/OL]. 人民日报.2021.02.17. 第01版. http：//paper.people.com.cn/rmrb/html/2021-02/17/nw. D110000renmrb_20210217_2-01.htm

[27] 王优玲."十三五"时期全国超额完成2000万套棚改目标任务 [EB/OL]. 人民网. 2020.10.16. https：//baijiahao.baidu.com/s?id=1680698924163200941&wfr=spider&for=pc

[28] 中华人民共和国住房和城乡建设部：https：//www.mohurd.gov.cn/xinwen/gzdt/202012/20201224_248595.html

[29] https：//dsrny.com/project/the-high-line

[30] https：//www.thehighline.org/sustainable-practices/

[31] http：//www.sEB/OLaripedia.com/13/396/5792/highline_park_rail_cEB/OLlection.html

[32] https：//www.thehighline.org/press-releases/

[33] https：//www.greenroofs.com/projects/high-line-phase-1/

[34] http：//cargocEB/OLlective.com/Uofanycstudioarch/HIGH-LINE-COMPETITION

[35] https：//www.nycgovparks.org/parks/the-high-line/dailyplant/21962

[36] https：//mosaicinsights.com.au/2018/09/10/high-line/

[37] https：//rhetorikos.blog.fordham.edu/?p=1313

[38] https：//www.nytimes.com/2011/06/06/nyregion/with-next-phase-ready-area-around-high-line-is-flourishing.html

[39] https：//dsrny.com/project/the-high-line

[40] https：//www.landscapeperformance.org/case-study-briefs/high-line

[41] https：//network.thehighline.org/about/

[42] https：//www.boston.com/uncategorized/noprimarytagmatch/2012/07/10/true-cost-of-big-dig-exceeds-24-billion-with-interest-officials-determine/

[43] https：//www.mass.gov/info-details/the-big-dig-project-background

[44] https：//www.mass.gov/info-details/the-big-dig-project-background

[45] https：//dgtassociates.com/bostons-big-dig-the-beginning-of-a-legacy-dgt-associates/

[46] Admin. 波士顿"大开挖"交通改造工程 [EB/OL]. 中国地下空间网. 2011. http：//www.csueus.com/News/ShowArticle.asp?ArticleID=77

[47] https：//www.engineering.com/story/the-big-dig

[48] Chapter 81A：THE MASSACHUSETTS TURNPIKE AUTHORITY AND THE METROPEB/OLITAN HIGHWAY SYSTEM. 马萨诸塞州最高法院. 2009. https：//malegislature.gov/Laws/GeneralLaws/PartI/TitleXIV/Chapter81A

[49] Big Dig-Wikipedia

[50] https：//www.rosekennedygreenway.org/

[51] https：//en.wikipedia.org/wiki/Rose_Fitzgerald_Kennedy_Greenway

[52] https：//www.mass.gov/info-details/the-big-dig-project-background

[53] https：//www.mass.gov/info-details/the-big-dig-facts-and-figures

[54] https：//www.mass.gov/info-details/the-big-dig-project-background

[55] https：//bostonurbanplanning.weebly.com/the-big-dig.html

[56] 季昱廷. 打造"有特色有温度有记忆有文化"服务区 [N]. 大众日报. 第13版

[57] 朱筱, 刘巍巍, 陆华东. "最美服务区"折射中国"经济动脉"发展之变 [EB/OL]. 新华社. 2019.08.08. https：//baijiahao.baidu.com/s?id=1641284389801005167&wfr=spider&for=pc

[58] 江苏宁沪高速公路股份有限公司管网：www.jsexpressway.com/index.php?m=mall&c=index&a=getServiceInfo&catid=616&siteid=1&serviceId=115

[59] 傅青, Jessie.L. 高速公路服务区, 是城市递来的名片 [EB/OL]. 新周刊. 2022. https：//www.neweekly.cn/article/shp0424109193

[60] 中国公路学会. 江西省公路学会举办服务区公路驿站品质提升研讨会暨考察活动 [EB/OL]. 中国公路学会. 2021.05.24. http：//www.chts.cn/art/2021/5/24/art_1532_179975.html

[61] 金星，王猛. 苏州阳澄湖园林主体服务区投入试运行 [N/EB/OL]. 消费者周刊. 2019.05.23. https：//i.xpaper.net/szishow/news/2992/18765/94583−1.shtml

[62] 宋彬彬. 20多年来，不动声色地承包了中国高速公路服务区"半壁江山"，还顺手打造出几个网红打卡地——解密桐乡人的"服务区攻略" [N/EB/OL]. 浙江日报. 2020.12.16，第8版，深读. http：//zjrb.zjEB/OL.com.cn/html/2020−12/16/node_11.htm

[63] 刘元，杨绍功，潘晔. 火热程度堪比景区，江苏高速公路服务区何以甲天下 [EB/OL]. 江苏经济报. 2021.02.02. https：//baijiahao.baidu.com/s?id=1690575595655185444&wfr=spider&for=pc

[64] 陶克强，周志鹏，胡宇翔，黄大奇，魏衍方. 以新业态新模式点燃新消费——看"网红服务区"如何打通"双循环"新发展格局的堵 [EB/OL]. 新浪新闻. 2020.10.17. http：//k.sina.com.cn/article_2810373291_a782e4ab02001v11y.html#/

[65] 唐旭锋. 荒废高架桥底下，居然"变"出一个个体育馆，宁波又让人羡慕了 [EB/OL]. 钱江晚报. 2020.06.03. https：//www.163.com/dy/article/FE6GUFNC0512GTK3.html

[66] 张莺. 桥下空间的综合利用、社会力量的深度参与，宁波潘火体育公园化"腐朽"为"神奇" [EB/OL]. 体坛报. 2020.12.21. https：//mp.weixin.qq.com/s/WqbYcoSBVk1ZnKOPFWdFGg

[67] 浙江日报. 温州试点三年记：激活社会力量 为体育改革破题 [EB/OL]. 浙江日报. 2020.10.28. https：//baijiahao.baidu.com/s?id=16817502617106384 23&wfr=spider&for=pc

[68] 浙江省体育局. 宁波的潘火体育公园为何能"火"？ [EB/OL]. 浙江省体育局. 2020.12.22. https：//tyj.zj.gov.cn/art/2020/12/22/art_1347213_59016266.html

[69] 宁波晚报. 宁波又多一处桥下体育公园！总面积15000平方米！[EB/OL]. 宁波晚报. 2020.11.06. http：//nb.ifeng.com/c/81Aro22TtwW

[70] 陈伊萍. 第二"穹顶"可以多美？上海提升高架桥下空间整体形象[EB/OL]. 澎湃新闻. 2021.09.30. https：//www.thepaper.cn/newsDetail_forward_14738194

[71] 蔡敏婕，陈沛琪. 广州北京路步行街披"新装"开街[EB/OL]. 中国新闻网. 2020.09.23. https：//www.chinanews.com.cn/sh/2020/09-23/9298423.shtml

[72] 广州市越秀区人民政府：http：//www.yuexiu.gov.cn/zzfw/zfwj/content/post_8298140.html

[73] 曾卫康. 逛吃北京路体验"最广府"广州日报[EB/OL]. 广州日报. 2021.12.08. https：//tour.dahe.cn/2021/12-08/934069.html

[74] 申卉，曾卫康，赵方圆，等. 就是明日！北京路走起！见证全新步行街[EB/OL]. 广州日报. 2020.09.23. https：//www.163.com/dy/article/FN6I76A805149N9E.html

[75] 赢商网：http：//news.winshang.com/html/069/3046.html

[76] 搜狐网：https：//www.sohu.com/a/426564745_772595

[77] 冯艳丹. 南方特稿 | 北京路"变脸"：这条老街见证了广州的历史与活力[EB/OL]. 南方Plus. 2020.10.20. https：//www.163.com/dy/article/FPCD7TS6055004XG.html

[78] 腾讯网：https：//new.qq.com/rain/a/20220421A0BY3P00

[79] 中华人民共和国商务部：http：//ltfzs.mofcom.gov.cn/article/ax/axdf/202011/20201103017982.shtml

[80] 何钻莹. 广州非遗街区（北京路）开街[N/EB/OL]. 人民网. 2022.06.13. A1版. https：//gzdaily.dayoo.com/pc/html/2022-06/13/content_866_794937.htm

[81] 人民日报. 白天游花海，夜赏灯光秀，广州11区迎接国庆准备好了[EB/OL]. 人民日报. 2019.09.28. http：//www.ddcpc.cn/zhengnengliang/201909/t20190928_623219.shtml

[82] 央广网. 华润置地西单更新场 历时7年 首都核心商圈的更新[EB/OL]. 央广网. 2022.05.12. http：//house.cnr.cn/20220512/t20220512_525824428.html

[83] 北京市委城市工作办，北京城市规划学会.北京城市更新"最佳实践"系列丨②西单更新场 探索减量发展下的城市更新路径[OL].北京发布.新浪微博.2022.07.19. https://weibo.com/ttarticle/p/show?id=2309354793026466677645

[84] 西单更新场荣获2021年AIA美国建筑师协会卓越设计奖两项大奖[EB/OL].世界建筑报道.2022.01.26. https://baijiahao.baidu.com/s?id=1722968527158581682&wfr=spider&for=pc

[85] 袁昭.深挖存量价值，西单更新场为城市空间赋能[EB/OL].赢商网.2021.05.10. http://news.winshang.com/html/068/4758.html

[86] 陈奇锐.当北京西单决定重回C位[EB/OL].界面新闻.2021.05.19. https://baijiahao.baidu.com/s?id=1700163012441475160&wfr=spider&for=pc

[87] 陈雪柠，潘福达.首届北京城市更新最佳实践评选揭晓，16处改造成"最佳实践"[EB/OL].北京日报.2022.07.12. https://baijiahao.baidu.com/s?id=1738127988471219218&wfr=spider&for=pc

[88] 新商业LAB：http://www.shopmall.org.cn/a/yunying/kongjianyunying/2021/0615/7649.html

[89] 詹方歌，卢志坤.北京"西单更新场"：城市焕新方法论[EB/OL].中国经营报.2021.07.28. https://baijiahao.baidu.com/s?id=1706533906191727001&wfr=spider&for=pc

[90] 袁秀丽.华润置地北京再著"更新样本"[EB/OL].新京报.2021.12.06. https://baijiahao.baidu.com/s?id=1718368368917852613&wfr=spider&for=pc

[91] 新华网.华润置地打造城市更新"首都样板"[EB/OL].新华网.2022.08.09. http://www.xinhuanet.com/into/20220809/9a80439c15e84153b9fd1b5e8e5387e8/c.html

[92] 北京西城报.历时六年升级改造 西单更新场再现潮流地标[EB/OL].北京西城文明网.2021.05.25. http://bj.wenming.cn/xc/xcqyw/202105/t20210525_6060889.shtml

[93] 百度百科：https://baike.baidu.com/item/%E4%B8%8A%E6%B5%B7%E4%BD%98%E5%B1%B1%E4%B8%96%E6%8C%82%E6%B4%B2%E9%99%85%E9

%85%92%E5%BA%97/23153826?fromtitle=%E6%B7%B1%E5%9D%91%E9%85%92%E5%BA%97&fromid=3584998&fr=aladdin

[94] 王渝新, 杨静. 12年匠心构筑"地平线下的想象"世茂深坑洲际酒店全球开放 [EB/OL]. 世贸集团官网. 2018.11.15. https：//www.shimaogroup.com/smlist/view.php?aid=407

[95] https：//www.sisul.or.kr/open_content/cheonggye/intro/restoration.jsp

[96] https：//urban-regeneration.worldbank.org/Seoul

[97] https：//www.sisul.or.kr/open_content/cheonggye/intro/summary.jsp

[98] https：//urban-regeneration.worldbank.org/Seoul

[99] https：//globaldesigningcities.org/publication/global-street-design-guide/streets/special-conditions/elevated-structure-removal/case-study-cheonggyecheon-seoul-korea/

[100] https：//globaldesigningcities.org/publication/global-street-design-guide/streets/special-conditions/elevated-structure-removal/case-study-cheonggyecheon-seoul-korea/

[101] 张辛悦. 毕尔巴鄂"后古根海姆时代"文化导向型城市更新策略分析 [C]//. 新常态：传承与变革——2015中国城市规划年会论文集（08城市文化），2015：518-532.

[102] https：//www.guggenheim-bilbao.eus/en

[103] Wallace M A.Museum Branding： How to Create and Maintain Image，Loyalty，and Support. AltaMira Press. 2006. ISBN-13，978-0759109926.

[104] B + I Strategy. Study of the Economic Impact of the Activities of the Guggenheim Museum Bilbao-Estimation for 2011. [EB/OL]. [2022-09-09]. https：//prensa.guggenheim-bilbao.eus/src/uploads/2012/09/Estudio_de_Impacto_Economico_2011-ENG.pdf

[105] 北京市人民政府：http：//www.beijing.gov.cn/zhengce/gfxwj/sj/202002/t20200221_1666197.html

[106] 李嘉瑞. 北京：简易低风险项目审批流程优化 最多仅需21天 [EB/EB/OL]

新华社. 2019.05.08. https：//baijiahao.baidu.com/s?id=1632927653664821380&wfr=spider&for=pc

[107] 孟思雨. 通州首个家园中心投用 打造"5分钟生活圈"[EB/OL]. 人民网. 2021.10.12. http：//bj.people.com.cn/n2/2021/1012/c82838-34952405.html

[108] 王海燕. 副中心将建设12个民生共享组团36个美丽家园[EB/OL]. 北京晚报. 2020.01.08. https：//baijiahao.baidu.com/s?id=1655141316890303213&wfr=spider&for=pc

[109] 张淑玲. 大栅栏街道养老中心运营 开启养老服务新模式（西城区大栅栏街道养老助残中心开门运营）[EB/OL]. 北京日报. 2017.03.28. http：//beijing.qianlong.com/2017/0328/1542307.shtml

[110] 深圳商报. 城市更新助力城中村完美"蝶变"[N/EB/OL]. 深圳商报. 2016.08.23. 第A10版：专题. http：//szsb.sznews.com/html/2016-08/23/content_3601309.htm

[111] 深圳新闻网. 鹏城眼 | 蔡屋围村：深圳"华尔街"城市更新五方共赢典范[EB/OL]. 深圳新闻网. 2017.08.25. http：//www.sznews.com/photo/content/2017-08/25/content_17104783_5.htm

[112] 金文蓉. 蔡屋围旧村何以凤凰涅槃[N]. 深圳特区报，2011-03-22（A02）.

[113] 杨芬，谢菁，麦日炯. 蔡屋围统筹片区城市更新再提速 蔡屋围村私宅拆迁大动员[EB/OL]. 深圳商报. 版次：A1. 2019.04.22. http：//szsb.sznews.com/PC/layout/201904/22/node_A01.html#content_638548

[114] 张惠屏. 蔡屋围将成深圳华尔街[N]. 深圳商报，2006-08-19（A01）.

[115] https：//www.sohu.com/a/456841392_165258

[116] 北京安置房大全. 丰台区东铁营棚户区改造（13、15、16地块）项目介绍[EB/OL]. 网易网. 2021.12.20. https：//www.163.com/dy/article/GRM7O2GN05359UFM.html

[117] https：//news.sohu.com/a/536304510_412146

[118] https：//www.163.com/dy/article/GP6MF1OG05259F7U.html

[119] 北京市朝阳区人民政府：http：//www.bjchy.gov.cn/dynamic/zwhd/4028805a81d93e3601820f294b0b1650.html

[120] 吴娇颖，李玉坤，黄哲程. 针对老旧小区物业规范管理问题代表：推广劲松模式和社区议事厅 老旧小区商业化改造应是趋势 [N/EB/OL]. 新京报. 版次：A12：2020 北京两会之热点话题. 2020.01.17. http：//epaper.bjnews.com.cn/html/2020-01/17/content_777081.htm?div=-1

[121] http：//www.archina.com/index.php?g=portal&m=index&a=show&id=8645

[122] 北京市朝阳区人民政府：http：//www.bjchy.gov.cn/dynamic/news/8a24fe837455fc0f017456a17c890036.html

[123] 王建业. 党建引领多元共治 民意导向有机更新街道书记眼中的"劲松模式"[EB/OL]. 中国建设新闻网. 2020.08.11. http：//www.chinajsb.cn/html/202008/11/12636.html

[124] 段文平. 引入资本、创新金融 城市更新多渠道融资 [EB/OL]. 新京报. 2022.08.02. https：//www.bjnews.com.cn/detail/1659400486169870.html

[125] 北京商报：https：//www.163.com/dy/article/FKD4K1VC0519DFFO.html

[126] 刘婧. "劲松模式"如何实现微利可持续？ [N//EB/OL]. 版次：A08：读北京. 2022.01.05. http：//epaper.ynet.com/html/2022-01/05/content_390375.htm?div=-1

[127] 张晓兰. 三分建七分管 城市更新焕发新活力 [EB/OL]. 新京报. 2022.08.02. https：//www.bjnews.com.cn/detail/1659408735169875.html

[128] https：//www.sohu.com/a/362644023_120209831

[129] 北京市规划自然资源：https：//weibo.com/ttarticle/p/show?id=23094044084141419705554&comment=1

[130] 张晓兰. 破浪 2020｜北京愿景集团：探索微利可持续，聚力老旧小区改造 [EB/OL]. 新京报. 2020.12.22. https：//www.bjnews.com.cn/detail/160863323115768.html

[131] 周依，王贵彬. 政府居民共议小区提升 石景山有社区搞了场"圆桌讨论" [EB/OL]. 新京报. 2019.10.26. https：//baijiahao.baidu.com/s?id=1647564295633866921&wfr=spider&for=pc

[132] 孙杰. 老旧小区综合整治提速 [N]. 北京日报，2020-09-23（008）

[133] 郭雨."首开模式"助力老旧小区有机更新[N]. 首都建设报,2020-09-29(004).

[134] 北京日报. 北京日报盛典特刊 | 首开集团新时代谱写新华章[N/EB/OL]. 搜狐网. 2019.09.24. https://www.sohu.com/a/343111385_774036

[135] 北京市人民政府国有资产监督管理委员会:http://gzw.beijing.gov.cn/xxfb/zcfg/201912/t20191229_1542173.html

[136] 赵莹莹. 改造前后能有多大变化?看老山东里北"蝶变"美好家园[N/EB/OL]. 北京日报. 2019.11.14. https://baijiahao.baidu.com/s?id=1650178516007279185&wfr=spider&for=pc

[137] https://www.sohu.com/a/532925484_121335569

[138] 王露. 大悦春风里开业,高和大悦城50亿城市更新基金首落地. 2020.12.30. https://36kr.com/p/1032935859933956

[139] 高和资本陈国雄:从基金视角解读城市更新经典案例大兴大悦春风里. https://www.sohu.com/a/452922688_248943

[140] 敢破敢立,北京大兴大悦春风里温暖绽放,京南商业添新标杆. https://www.sohu.com/a/442808841_663226

[141] 业态聚合+空间共享,细看社区商业的新生活场景. https://baijiahao.baidu.com/s?id=1709075166952176468&wfr=spider&for=pc

[142] 国和1000:时尚版社区商业中心. https://www.sohu.com/a/319647077_481760

[143] 城市更新典范——"天空之城"哈德逊广场. https://new.qq.com/rain/a/20200826A0KCTX00

[144] 新街高和作为北京"疏整促"案例被北京卫视报道. https://www.sohu.com/a/328961607_765121

[145] 从乡村复兴到城市更新之漫途 | AIMER第六期. https://www.sohu.com/a/123306688_556721

图书在版编目(CIP)数据

城市有机更新的实践模式 / 蔡奉祥，张书嘉主编；张婷等副主编. —北京：中国建筑工业出版社，2022.11

ISBN 978-7-112-28034-6

Ⅰ.①城… Ⅱ.①蔡…②张…③张… Ⅲ.①城市建设—研究—中国 Ⅳ.①F299.21

中国版本图书馆CIP数据核字（2022）第181446号

责任编辑：毕凤鸣
责任校对：张　颖
校对整理：董　楠

城市有机更新的实践模式

中交投资有限公司
北京清华同衡规划设计研究院
主　编　蔡奉祥　张书嘉
副主编　张　婷　蒋向国　张婉君　杨　军

*

中国建筑工业出版社出版、发行（北京海淀三里河路9号）
各地新华书店、建筑书店经销
北京雅盈中佳图文设计公司制版
临西县阅读时光印刷有限公司印刷

*

开本：787毫米×960毫米　1/16　印张：17¼　字数：210千字
2023年4月第一版　2023年4月第一次印刷
定价：98.00元
ISBN 978-7-112-28034-6
（40152）

版权所有　翻印必究
如有内容及印装质量问题，请联系本社读者服务中心退换
电话：（010）58337283　　QQ：2885381756
（地址：北京海淀三里河路9号中国建筑工业出版社604室　邮政编码：100037）